TEMPO E ESPAÇO

O Organismo Humano
e os Ritmos da Natureza

CIP-Brasil. Catalogação-na-fonte
Sindicato Nacional dos Editores de Livros, RJ.

G232t
Gaspar, Eneida Duarte, 1950-
    O organismo humano e os ritmos da natureza / Eneida Duarte Gaspar. - Rio de Janeiro: Pallas, 1995.
    180 p. - (Círculo das fadas: 1)

ISBN 85-347-0061-3

1. Homem - Influência do meio ambiente. 2. Saúde mental. I. Título. II. Série

95-0336

CDD - 613.1
CDU - 613.1

ENEIDA DUARTE GASPAR

TEMPO E ESPAÇO

O Organismo Humano e os Ritmos da Natureza

1995
Rio de Janeiro

Copyright © 1995 by
Eneida Duarte Gaspar

Editor
Cristina Warth

Capa
Leonardo Carvalho

Copydesk
Elisabeth Spaltemberg

Revisão
Silvia Schwingel Dias

Editoração Eletrônica
Cid Barros

Coordenação Editorial
José Geraldo de O. Lacerda

Direitos desta edição reservados à
PALLAS - Editora e Distribuidora ltda.
Rua Frederico de Albuquerque, 44 - Higienópolis
CEP 21050-840 - Rio de Janeiro - RJ
Tel.: 270-0186 - Fax: 590-6996

SOBRE A AUTORA

Eneida Duarte Gaspar, nascida no no Rio de Janeiro em 1950, fez o Curso Normal do Instituto de Educação entre 1966 e 1968, e cursou a Faculdade de Medicina da Universidade do Estado do Rio de Janeiro entre 1970 e 1975. Durante esse período, sua experiência profissional incluiu o magistério em escolas públicas do então estado da Guanabara e estágios em pesquisa e ensino no Departamento de Medicina Social da mesma Universidade.

Formada, fez cursos de pós-graduação na Escola Nacional de Saúde Pública da Fundação Oswaldo Cruz, onde trabalhou por vários anos como pesquisadora do Departamento de Epidemiologia, participando de pesquisas, cursos e atividades comunitárias.

Abandonando a carreira acadêmica em 1984, passou a estudar técnicas alternativas de cuidados de saúde. Fez curso de formação em Bioenergética e passou a ministrar cursos, atividades de grupo e orientação individual sobre assuntos como alimentação, consciência corporal, cromoterapia, cura mental, autoconhecimento e outros. A partir dessa experiência profissional, desenvolveu o projeto de escrever uma série de livros simples e práticos a respeito de diversas técnicas de cuidados naturais de saúde, ao qual se dedica presentemente.

COLEÇÃO CÍRCULO DAS FADAS

Se você gosta de ler listas infinitas de pessoas dos quatro cantos do mundo que tiveram sua vida totalmente modificada por alguma técnica mirabolante, não perca tempo com essa coleção. Se você gosta de livros nebulosos que falam, falam e ensinam pouca coisa ou nada, esqueça essa coleção. Se você está em busca de "receitas de bolo" que lhe dêem repentinos poderes mágicos, abandone essa coleção.

Mas se você quer aprender formas de viver melhor com seu próprio corpo, sua mente, suas emoções, seu ambiente familiar e de trabalho; se você deseja aprender a utilizar ao máximo suas habilidades naturais e desenvolver novos potenciais em todos os campos da vida; se você procura informações sobre técnicas simples, eficientes e pouco agressivas que podem ser utilizadas para aliviar os pequenos problemas de saúde do cotidiano; se você quer se conhecer melhor, assumir um controle maior sobre sua própria vida, então essa coleção é para você.

Os livros que iniciam a Coleção do "Círculo das Fadas" se originaram das apostilas de um curso sobre "Cuidados Naturais de Saúde". A idéia central foi oferecer uma coletânea de informações simples, objetivas e principalmente corretas, estritamente de acordo com os conhecimentos da farmacologia, da fisiologia e da clínica, mesmo quando reinterpretadas a partir de um ponto de vista mais amplo.

Dentro da proposta de assistência simplificada, defendida pela Organização Mundial de Saúde desde o final dos anos 70, a Coleção tem o cuidado de se limitar a técnicas que possam ser utilizadas por leigos sem risco de provocar danos à saúde; por isso, não é um panorama de todas as especialidades incluídas na Medicina e na Psicoterapia Holística, mas uma coleção de manuais práticos de algumas dessas técnicas.

O compromisso de fazer manuais práticos é o outro ponto que norteia a Coleção: em todos os livros você encontrará o "pulo do gato", o caminho das pedras para utilizar a técnica em questão, sem omissões nem disfarces. Cada tema é explorado a fundo em seus aspectos práticos e todas as informações técnicas, orientações práticas e alertas necessários estarão apresentados de forma clara e explícita.

SUMÁRIO

Apresentação 1
Introdução 3
Capítulo I - DIA E NOITE **13**
   Curiosidades 23
   Percepção 27
   Aperfeiçoamento 28
Capítulo II - RITMOS PESSOAIS **31**
   Curiosidades 39
   Percepção 41
   Aperfeiçoamento 42
Capítulo III - O CICLO DA LUA **48**
   Curiosidades 58
   Percepção 64
   Aperfeiçoamento 64
Capítulo IV - A RODA DO ANO **68**
   Curiosidades 81
   Percepção 87
   Aperfeiçoamento 88
Capítulo V - OUTROS CICLOS **91**
   Curiosidades 103
   Percepção 106
   Aperfeiçoamento 107

Capítulo VI - O ESPAÇO **109**
    Curiosidades 123
    Percepção 130
    Aperfeiçoamento 134

Capítulo VII - O CICLO DA VIDA **140**
    Curiosidades 151
    Percepção 154
    Aperfeiçoamento 159

Considerações Finais **163**

Sugestões de Leitura **164**

ÍNDICE DAS ILUSTRAÇÕES

Figura 1 - Relógios Antigos 25
Figura 2 - Fases da Lua 49
Figura 3 - As Marés 53
Figura 4 - As Estações do Ano 69
Figura 5 - Stonehenge 72
Figura 6 - Posição Aparente dos Planetas Interiores 93
Figura 7 - Posição Aparente dos Planetas Exteriores 94
Figura 8 - Pangéia 100
Figura 9 - Estrela Polar (Pólo Norte) e Cruzeiro do Sul (Pólo Sul) 111
Figura 10 - Pentagrama 111
Figura 11 - Árvore da Vida 124
Figura 12 - Órion 133
Figura 13 - Cruzeiro do Sul 133

APRESENTAÇÃO

Quando estava escrevendo este livro, conversei sobre ele com um primo, Maurity, que trabalhou por muitos anos na coordenação de serviços de segurança da Petrobrás. Ele me contou como utilizava informações referentes às fases da Lua para tomar decisões destinadas a evitar acidentes com navios atracados em terminais de carga e descarga; e como seus colegas de trabalho, apesar de experientes no contato com as marés, achavam isso muito estranho e mesmo "metafísico". Maurity chamou minha atenção para alguns fenômenos importantes, sobre os quais eu ainda não havia falado e que não poderia ter entendido sem a explicação já digerida e elaborada que ele me deu. Dessa conversa ficou a idéia de que essas questões que tanto me preocupam são realmente importantes para nossa vida e saúde, e que felizmente existem pessoas preocupadas com elas e que as incorporam ao seu cotidiano.

Preocupa-me o modo como hoje em dia as pessoas perdem bem-estar e qualidade de vida por não perceberem nem valorizarem fenômenos naturais que realmente influenciam nossa vida e como o racionalismo, com seu pseudocientificismo, trata como superstição tudo o que não se adapta à sua visão mecanicista do mundo. Penso que é muito importante para cada indivíduo e para o mundo todo que qualquer oportunidade seja aproveitada para tentar recuperar uma relação mais consciente, concreta e produtiva com a natureza. Ao pensar em como é importante saborear cada momento da vida, lembrei-me do que disse Lin Yutang, escritor e filósofo contemporâneo chinês, sobre o que fazem os chineses quando dispõem de tempo livre: entre muitas outras coisas, diz ele, comem coisas gostosas, cantam, cuidam de plantas, tomam banho, cozinham, tocam instrumentos, praticam caligrafia, conversam com os amigos, escalam montanhas, discutem política, fazem concursos de pipas e lanternas, resolvem charadas, contemplam as nuvens, afagam as árvores, enfeitam roupas, praticam respiração profunda, visitam templos, vão a sessões budistas, fazem trabalhos em papel, consultam adivinhos, trocam presentes, saúdam-se cerimoniosamente, fazem filhos e dormem.

INTRODUÇÃO

A sociedade ocidental moderna parece estar levando às últimas conseqüências a máxima romana *Carpe Diem*, que significa: "Aproveita o momento presente". Com efeito, nunca se viu no mundo inteiro uma cultura tão desvinculada do passado e do futuro, tão voltada para o proveito a tirar do instante presente. Isso não significa, entretanto, que essa cultura tenha realizado o ideal zen da mente alerta, da consciência totalmente mergulhada na experiência do momento. Na verdade, nossa cultura vive um paradoxo que parece insolúvel. Ao mesmo tempo em que se vincula exclusivamente ao presente, essa ligação é puramente abstrata, alienada da vivência concreta. O resultado desse paradoxo é uma sociedade mentalmente doente e geradora de doença mental.

Minha experiência em Saúde Pública e pesquisa médico-social me deu a certeza de que, além dos fatores materiais básicos ligados à estrutura social - saneamento, alimentação, ritmo de trabalho - que determinam o padrão geral de saúde e doença de um grupo dentro da sociedade, existe um fator fundamental, não-material, responsável pela relação da pessoa (membro de determinada cultura) com sua própria vida e saúde. Trata-se de uma qualidade que eu chamo de "estar centrado", ou seja, da capacidade que essa pessoa pode ter de se perceber como um centro no tempo e no espaço, sentindo os pés enraizados no chão em que vive e seu mundo organizado à sua volta. Essa qualidade não depende de uma predisposição individual, mas é culturalmente determinada. Sua origem está no maior ou menor vínculo que cada sociedade estabelece com a natureza e no tipo desse vínculo; tendo nascido e sido educados dentro dessa sociedade, seus membros irão se perceber em relação à natureza de acordo com os valores básicos que receberam na infância.

As sociedades antigas tiveram sempre uma forte consciência da ligação com a natureza, embora em algumas culturas tenham aparecido, desde a Antigüidade, escolas de pensamento muito abstratas. Mas estas últimas tendiam a ficar restritas a pequenos grupos da sociedade, geralmente um setor da classe dominante ou um grupo específico do clero, já que a grande maioria da população dependia do contato direto com a terra, o clima, os animais e os vegetais para sobreviver.

Essas duas grandes linhas de pensamento caracterizam os dois grandes grupos em que podem ser divididas as religiões: Naturais (de comunhão) e Reveladas (de salvação). As Religiões Naturais têm sua origem na Idade da Pedra, nos primórdios da cultura humana. Sua raiz está na idéia de que o mundo é um grande organismo vivo de que todos os seres - animados ou inanimados - fazem parte; o ser humano faz parte desse todo e tem dentro de si o reflexo de todos os fenômenos da natureza. Essa idéia se refletia na prática das populações antigas por um grande respeito pela natureza e um ligação emocional e intuitiva com ela. As cerimônias religiosas comemoravam os eventos mais importantes do ciclo das estações do ano, além de simbolizar a ligação (comunhão) do indivíduo com todos os outros seres, em particular com aqueles (animais, vegetais ou humanos, alimentos ou ancestrais) que morreram para que ele vivesse. O traço mais marcante dessas religiões me parece ser a reverência, o respeito pelos que já morreram e pelos que ainda vão nascer. Cada indivíduo se percebia centrado em seu lugar no espaço e no tempo, com o futuro à frente, o passado às costas, o presente aos lados, as raízes sob os pés, os deuses sobre a cabeça. Comemorava sua gratidão aos ancestrais e o respeito pelos que ainda viriam, expresso no cuidado devido à terra para que ela não se esgotasse. A atitude pessoal era caracterizada pelo "compartilhar", pela união de esforços e pela comunhão ao usufruir dos resultados do trabalho.

As Religiões de Salvação são bem diferentes disso. Enquanto as Religiões Naturais se moldaram ao longo de séculos de experiências coletivas, as de Salvação foram codificadas por indivíduos determinados, o que lhes dá um forte traço de ensinamento pessoal; por isso são chamadas de "Reveladas" - pois Deus as revelou a um único "mestre" ou profeta. Sendo uma experiência pessoal, sua meta não é a harmonia coletiva, mas a salvação individual. Centradas no arquétipo do Eu consciente, são todas Religiões de caráter masculino, solar, racional; sua meta é atingir a espiritualidade pura, fugir do mundo lunar, feminino, instintivo do corpo. No Oriente, o grande modelo de Religião Revelada foi o Budismo; no Ocidente, a primeira foi o Judaísmo, do qual derivaram o Cristianismo e o Islamismo. A diferença entre elas é que, enquanto no Oriente a busca de salvação é toda voltada para o interior, no Ocidente ela se volta para o exterior, de onde o fiel espera que chegue o deus salvador.

Se, por um lado (como ressaltou Jung em sua obra), as Religiões Reveladas representaram um grande salto no desenvolvimento da humanidade ao apresentarem um modelo do Eu Superior plenamente desenvolvido para ser tomado como modelo e meta pessoal pelos fiéis, por outro lado geraram uma atitude em relação à natureza que está, a meu ver, na raiz da crise espiritual do mundo moderno. A atitude a que me refiro está expressa em dois pontos das Escrituras Sagradas da tradição Judaico-Cristã: o Gênese (comum às duas religiões) e a vinda do Messias cristão. A narrativa do Gênese (se não pensarmos nas interpretações eruditas), na forma como é usada para a orientação espiritual dos fiéis, elimina a noção de igualdade entre os humanos e os outros seres; coloca o homem (e apenas ele, não a mulher) em posição privilegiada ao dizer que Deus criou todos os seres e toda a natureza como "coisas" pertencentes ao homem e de que ele pode se apropriar a seu belprazer. O resultado dessa doutrina é uma imagem profundamente fixada no inconsciente de todas as pessoas criadas dentro dessa cultura (não importa a que religião específica pertençam) de que a natureza, em primeiro lugar, é algo inerte, como uma coleção de objetos isolados e sem vida (sem alma, como a Igreja sempre afirmou em relação aos animais e às mulheres); em segundo lugar, que é algo que sempre esteve aí e sempre estará, não importa o tipo de atitude que tenhamos em relação a ela — como se Deus tivesse o poder de neutralizar a destrutividade humana; em terceiro lugar, que é apenas um "pano de fundo", um cenário inerte onde se passa a vida da humanidade, e que poderíamos destruir sem sentir os reflexos disso em nossa própria existência.

Em suma, a pessoa se vê totalmente desvinculada, acima e sem qualquer responsabilidade em relação à natureza, em contraste com as Religiões Naturais, em que o indivíduo se sente seu filho, irmão de todos os seres, sujeito às suas leis e portanto responsável por cuidar e amar a Mãe-Terra. A atitude baseada na interpretação oficial do Gênese produz a tendência moderna ao desenraizamento das pessoas; a pessoa comum não imagina sequer a possibilidade de que os outros seres vivos e a Terra em geral tenham necessidades próprias, independentes das suas conveniências pessoais e imediatas. Dessa forma, eliminam-se as plantas das ruas e das casas porque "as plantas sujam"; nem sequer se pensa na necessidade que temos delas para repor o oxigênio do ar. Chama-se "tempo bom" ao tempo quente e seco, "tempo ruim" à chuva, sem pensar que os dois são bons e necessários. Procuram-se eliminar todas as influências naturais sobre as pessoas — a noite é iluminada artificialmente, os ambientes são isolados e aquecidos ou refrigerados, mesmo em locais onde isso não é uma necessidade imperiosa. E ao fazer tudo isso, as pessoas não percebem que, como seu organismo faz parte da natureza, elas estão interferindo em seus próprios ciclos naturais e nos mecanismos de regeneração de seus corpos.

Esse desligamento da natureza é reforçado pela interpretação oficial da história do Messias cristão. Cristo é uma figura que tem paralelos com os deuses redentores das Religiões Naturais. Nelas, o deus Solar, encarnação da vida do mundo vegetal, nasce da Mãe-Terra quando está para chegar a primavera; torna-se Rei-Sol em pleno verão, quando governa o mundo e se une à sua esposa, a Terra; envelhece e morre no outono; e se prepara para renascer no inverno. A grande característica do tempo nas culturas da Religião Natural é o fato de ser um tempo cíclico, circular, que se repete anualmente conforme os eventos marcantes das várias estações que se sucedem na Terra e no céu. Penso que o sentimento básico decorrente dessa concepção do tempo é a esperança, a crença no renascimento. A cada festa religiosa em que as pessoas comemoravam a chegada de mais uma etapa desse ciclo anual, era reafirmado o sentimento de segurança baseado na crença de que, por mais rigoroso que seja o inverno, sempre virá a primavera. Ao mesmo tempo, os povos sentiam que sua ação, seu ritual ajudavam o ciclo a se realizar: havia um sentimento de participação e responsabilidade.

As Religiões de Salvação, ao se basearem nos ensinamentos de uma figura histórica (seja essa figura Buda, Moisés, Cristo ou Maomé), desfazem o círculo do tempo e o transformam numa linha reta. Agora o tempo é como uma longa estrada, pela qual corremos sem parar, sem que nunca possamos rever o poste, a árvore ou a casa que ficaram para trás. Estamos presos no presente, suspensos entre um passado e um futuro irreais e sem relação entre si. É fácil entender por que isso ocorre: nas Religiões de Salvação, o Deus Redentor não é mais uma encarnação da força vital que faz tudo renascer; agora ele é alguém que nasceu, viveu e morreu uma única vez, com a finalidade exclusiva de salvar a humanidade (e não todos os seres da natureza). O máximo que o crente pode fazer é correr atrás de seu Redentor e tentar alcançá-lo em algum ponto distante, fora do espaço e do tempo; perdeu-se a esperança do retorno e do renascimento.

Esses dois conceitos de tempo - circular e linear - determinam duas atitudes antagônicas em relação ao mundo. O tempo circular determina uma atitude de respeito e cooperação. O indivíduo se sente corresponsável pelo retorno desse ciclo; além de cuidar da natureza, dos animais e vegetais o máximo que puder, a pessoa participa magicamente da ação redentora do deus ao realizar de todo coração os ritos religiosos das festas das estações. A Terra e os seres vivos são profundamente respeitados, pois do cuidado que receberem agora depende a possibilidade de renascerem na próxima estação. A própria idéia de renascimento não tem a estreiteza do conceito de reencarnação do Espiritismo europeu; está mais próxima da idéia moderna de reciclagem ou do conceito de transmutação, pois abrange todos os elementos que compõem a Terra mudando constantemente de posição e forma numa dança espiral sem fim. A maior crítica feita a esse tipo de cultura é a sua lentidão em seguir o caminho do progresso tecnológico; por ser uma cultura que respeita demais a Terra e os seres vivos, a exploração da natureza tende a ser feita com muita parcimônia e apenas na medida em que seja indispensável para a sobrevivência do grupo. A meu ver, o lado negativo dessa atitude é a extrema vulnerabilidade das comunidades em relação às mudanças naturais: a falta de alimento e água, o frio ou calor extremos, a exposição exagerada a agentes patogênicos e a baixa resistência a eles por causa da alimentação e higiene precárias, fizeram com que, na Antigüidade, a maior parte das populações de todas as partes da Terra (excetuados os poucos membros de grupos privilegiados) tivesse uma expectativa de vida pouco maior do que vinte anos.

Toda espécie viva procura criar estratégias que favoreçam suas chances de sobrevivência; portanto, é perfeitamente legítimo que a espécie humana fosse guiada, ao longo de sua história, por esse mesmo instinto. As revoluções tecnológicas, que foram dando à humanidade cada vez maior possibilidade de sobreviver, vieram se processando lentamente (o intervalo entre elas se conta por milênios) até que, há aproximadamente 2.600 anos, em vários pontos da vasta região da Europa e da Ásia ocupada pelos povos Arianos (dos Celtas até os Hindus), começaram a tomar forma as Religiões de Salvação. Essas religiões representaram, no plano espiritual, um processo que ocorria no plano material, de "libertação" das sociedades humanas do jugo dos ritmos naturais. Os homens, em algum momento da Antigüidade, descobriram os segredos da reprodução; passaram a manipular a freqüência das safras dos cereais, o aumento dos rebanhos e a gravidez das mulheres. A meta prioritária se tornou criar as condições necessárias para aumentar o rendimento a curto prazo do ventre da terra, do gado e das mulheres; a tecnologia cresceu direcionada para a manipulação da água e da fertilidade do solo, para a aceleração dos processos de plantio, colheita e conservação de alimentos, para a produção de excedentes que significariam estoque garantido, possibilidade de manipular preços, lucro crescente para os donos dos produtos e comerciantes, expulsão dos fantasmas da fome e do frio para todo o povo. Assim se realiza, no cotidiano, o conceito religioso de que um deus, comprometido apenas com o homem, criou o mundo para o servir; que a meta do homem é manipular mais e mais a natureza, até dominar completamente o lado material, "inferior" da vida (o que ele deve fazer também em relação ao próprio corpo).Só que esse domínio total, a libertação (mesmo que parcial) das forças naturais, é possível apenas para uma parcela da população, aquela que ganha com esse processo. Para os que continuam pobres, produzindo o que daria bem-estar aos outros, essa liberdade, o paraíso da fome saciada e do conforto, permaneceu como uma meta inatingível, um sonho para depois da morte.

Por outro lado, a possibilidade concreta de se libertar dos ciclos naturais através da tecnologia se reflete na transformação do conceito de tempo, que deixa de seguir o ciclo das estações climáticas e passa a refletir a seqüência linear de projetos e experiências individuais. A figura do Deus Salvador do mundo se transforma num Salvador pessoal humano, sem vínculos com o resto da natureza. A projeção de todas as expectativas da coletividade num Redentor e a percepção linear do tempo criaram uma atitude individual de irresponsabilidade e inconsciência em relação à natureza que foi se espalhando por todas as camadas da sociedade e destruindo a velha ligação com a terra. As festas estacionais foram perdendo seu significado de apoio às forças naturais, agradecimento e comunhão; tornaram-se momentos de diversão vazia, apenas um pretexto para abandonar o trabalho. O próprio trabalho se tornou cada vez mais uma atividade sem sentido e sem prazer. Com o tempo, o velho conhecimento empírico sobre as influências climáticas e meteorológicas foi sendo discriminado e tachado de superstição. O avanço tecnológico se acelerou além de qualquer senso de limites, pois o foco da atenção não é mais respeitar os tempos da natureza, mas aumentar a produção.

Se por um lado esse avanço melhorou grandemente a qualidade de vida de muitas populações, por outro lado introduziu vários novos problemas derivados do esvaziamento espiritual a que está ligado. E esses problemas não são apenas abstratos; alguns são bem concretos. Ao ignorar a importância dos ciclos naturais, as populações humanas superexploram regiões férteis e as tornam rapidamente estéreis; para contornar o problema a curto prazo, usam estímulos artificiais que, a curto prazo, funcionam, mas, a longo prazo, revelam-se tóxicos e destrutivos. Tratam da mesma forma o próprio corpo, ignorando suas necessidades naturais e forçando-o além de seus limites no trabalho, na diversão e na alimentação. Criam-se exigências sociais, em função das necessidades de sobreviver e de corresponder a uma imagem culturalmente imposta, que obrigam a maioria da população a se desrespeitar dessa forma e eliminam-se todas as possibilidades que ela deveria ter de obter esclarecimentos e mudar de atitude.

Não tenho ilusões a respeito das possibilidades de mudança a partir de um livro sobre o assunto. Estou apenas lançando uma gota d'água no oceano, mas penso que qualquer esforço, por menor que seja, pode se juntar às forças que crescem na tentativa de reviver a saúde espiritual do mundo. Também não penso que a solução esteja num retorno ao passado, no abandono de tantas conquistas técnicas e culturais que representam nossa herança resultante do esforço e do sofrimento de milhares de séculos de existência da espécie humana. Considero que nosso grande desafio hoje é descobrir a forma de reintegrar ao mundo moderno os melhores traços das culturas passadas, não em seu estado original, mas transformadas em conteúdos com significado real para nossa época.

Tentando colaborar com os que desejam seguir essa jornada, este não é um livro doutrinário, mas um manual prático. A idéia é a de que, ao mesmo tempo em que adquire algumas informações essenciais a seu respeito e sobre o mundo que o cerca, você incorpore ao seu cotidiano métodos para se conhecer melhor e se aperfeiçoar.

CAPÍTULO I
DIA E A NOITE

A alternância entre o dia e a noite, a luz e a treva, é o ciclo natural que percebemos mais facilmente. Todas as espécies que vivem na Terra, de uma ou de outra forma, têm a rotina de sua existência determinada pelos períodos de claridade e escuridão. Já as formas de vida mais primitivas que se desenvolveram no planeta começaram a produzir suas reservas de energia utilizando a luz solar, através do mecanismo de fotossíntese. Até hoje, apesar de todos os avanços da ciência, a fotossíntese ainda se mostra um dos maiores mistérios da natureza. Mistério, não tanto por ser desconhecida, uma vez que a química orgânica já conta com muitas informações a seu respeito, mas pelo que tem de único, de maravilhoso, de mágico: o grande mistério da transformação do gás carbônico do ar, algo invisível e impalpável, em açúcares, moléculas carregadas de energia, usando a planta para isso nada mais que a luz do sol. Luz coagulada, cristais de sol, os produtos da fotossíntese foram o ponto de partida para o desenvolvimento de formas de vida cada vez mais complexas.

Para as plantas, a presença do sol é tão importante que orienta sua própria organização espacial: enquanto as raízes, em busca de água e minerais, mergulham na escuridão da terra, as folhas, onde se realiza a fotossíntese, correm na direção do sol. Experimente colocar a planta num local onde ela só receba luz de uma única direção: em poucos dias a planta estará toda retorcida, espichada em direção à fonte de luz. Experimente virar o vaso, de modo que a planta fique dirigida para o lado da sombra: em poucos dias ela se torcerá novamente, virando-se em busca da luz. Por que muitas plantas ficam feias dentro de casa? Por que a maioria das plantas floridas não dá flores em interiores? Exatamente porque o sol é essencial para que as plantas fiquem viçosas e tenham energia suficiente para florir.

Existem muitas idéias errôneas a respeito da relação entre pessoas e plantas. Por exemplo, existe uma velha crença de que "faz mal" ter uma planta no quarto de dormir durante a noite, pois ela pode consumir todo o oxigênio e as pessoas podem se asfixiar. Isso é um grande exagero, apesar de se originar de um dado verdadeiro. As plantas respiram da mesma forma que os animais, absorvendo oxigênio e produzindo gás carbônico. Entretanto, durante o dia, as plantas realizam a fotossíntese, através da qual fazem o inverso da respiração: absorvem gás carbônico e produzem oxigênio. Portanto, o que ocorre na realidade é que, durante as horas de sol, a planta "compensa" o que gasta de oxigênio respirando, ao purificar o ar através da fotossíntese; durante a noite, sem a fotossíntese, ela se torna igual aos animais, consumindo a quantidade de oxigênio proporcional ao seu tamanho. Assim, o "perigo das plantas" se resume no seguinte: se seu quarto é pequeno, se nele dormem muitas pessoas, se você dorme com o quarto fechado, se você mantém uma "floresta" em seu quarto, provavelmente, ao amanhecer, estará respirando um ar pobre em oxigênio, pois havia muitos seres vivos respirando, por muitas horas seguidas, um pequeno volume de ar que não podia ser renovado. Mas se o ar de seu quarto pode se renovar livremente durante a noite (e isso significa janela e porta abertas, não o ar condicionado, que geralmente não permite a entrada de ar novo), uma planta equivale apenas a um animalzinho de pequeno porte ou, no máximo, a uma criança pequena, no que se refere à quantidade de oxigênio que absorverá.

O ciclo fotossíntese-respiração das plantas mostra, de modo flagrante, a relação entre o funcionamento corporal e o ciclo dia-noite: durante as horas de sol, a planta acumula energia; durante a noite, utiliza-a em seus processos metabólicos. Também os organismos animais seguem ciclos semelhantes: durante suas horas de vigília, os animais acumulam energia pela alimentação; durante o repouso, o organismo se regenera, utilizando nesse processo a energia e as substâncias absorvidas. Se observarmos o comportamento das diferentes espécies animais, descobriremos que cada uma tem seus horários preferidos para dormir, comer, exercitar-se, brincar. Uns se movimentam durante o dia e dormem à noite; outros, ao contrário, dormem de dia e se agitam à noite. Entretanto, esse comportamento não é casual: cada espécie tem seu padrão típico seguido, com eventuais pequenas variações, por todos os seus elementos. Existe uma razão orgânica para esses padrões. Todo organismo vivo tem um tipo de "relógio biológico" regulado pela quantidade de luz no ambiente a cada momento. De acordo com esse relógio, cada sistema do organismo —alimentador, excretor, etc. — terá seus períodos de maior e menor atividade ao longo do dia, de modo a formar um ciclo bem organizado em que o funcionamento de um sistema prepara as condições necessárias para o funcionamneto do seguinte. Estudos já demonstraram que seres vivos mantidos por longos períodos em escuridão total sofrem vários distúrbios, que vão desde a desorganização dos ciclos de produção dos hormônios até problemas nervosos por perda de cálcio.

Esse ciclo orgânico foi descoberto pelos chineses há muitos séculos e está descrito na teoria dos meridianos da Medicina Taoísta. Segundo essa teoria, nosso organismo possui, além de toda a estrutura material (ossos, músculos, etc.), um sistema de circulação de energia formado pelos meridianos. Até algum tempo atrás, não havia como se compreender, à luz dos conhecimentos científicos, esse conceito. Sabia-se que não havia estruturas físicas para a circulação da energia, como existem os vasos e nervos para a circulação do sangue e dos estímulos nervosos. Sabia-se, por outro lado, que os chineses haviam traçado minuciosamente os vários percursos da energia, demarcando os pontos de atividade acentuada, que eram usados em suas práticas terapêuticas. Quando os ocidentais tentaram entender esse sistema, dividiram-se em duas posições opostas: os "racionais", que achavam que a teoria não passava de um conjunto de fantasias e superstições, e que a terapia funcionava por sugestão; e os "místicos", que interpretaram a teoria à luz do espiritualismo ocidental, concluindo que tudo se passava num plano sobrenatural, desvinculado da matéria, adotando o modo mais estreito e preconceituoso de conceituar a espiritualidade.

As pesquisas sobre o funcionamento do sistema nervoso, baseadas em conceitos modernos de física, demonstraram que realmente existem percursos preferenciais para a energia que forma o campo eletromagnético dos organismos vivos. Esses percursos correspondem a trajetos em que se concentram estruturas do sistema nervoso; os chamados "pontos de acupuntura" são exatamente os pontos da pele onde se aglomeram terminações de nervos ligados à sensação do tato. Foi assim comprovada a existência dos meridianos e do processo de circulação de energia no corpo.

O aspecto mais conhecido da teoria dos meridianos é a correspondência desses trajetos com os mais importantes órgãos do corpo; o menos conhecido é a existência de um ciclo diário de atividade dos meridianos, que corresponde a uma seqüência de aumentos e reduções de atividades dos vários sistemas orgânicos ligados a cada um deles.

O sistema de meridianos é muito complexo, mas os principais são doze pares que correspondem, cada um deles, a um conjunto de funções psicossomáticas relacionadas a uma víscera, além de dois meridianos ímpares, que correm no meio do tronco, que armazenam energia em geral. Dos outros meridianos, alguns percorrem a frente do corpo, outros as costas; alguns passam pelos braços, outros pelas pernas; mas a norma geral para todos é: os que conduzem a energia do centro do corpo para a periferia saem do peito e correm para a extremidade de um dos membros (braço ou perna), geralmente fazendo esse percurso na parte da frente do corpo; os que trazem a energia da periferia para o centro partem da extremidade dos membros, passam geralmente pelas costas ou pelos lados do corpo e contornam o pescoço ou o crânio para chegar à face, onde terminam. Como os meridianos são pares, o mesmo percurso ocorre nos lados direito e esquerdo do corpo.

A circulação da energia se organiza de tal forma que o dia é dividido em três ciclos de 8 horas cada: o de captação de energia, o de absorção e excreção, e o de utilização de energia. Em cada um desses ciclos, a energia percorre o corpo todo: partindo do peito, vai até a mão, volta até a face; desce até o pé e sobe do pé até a cabeça, de onde passa, por ligações secundárias, à área do peito onde começa o ciclo seguinte. Em cada ciclo são ativados sucessivamente quatro meridianos, ficando cada um deles em atividade máxima por um período de duas horas. Este é o horário que a medicina chinesa mais tradicional recomenda como o melhor para tratar o meridiano, embora haja formas ainda mais sofisticadas de usar essa informação. Como cada par de meridianos corresponde a um dos elementos da tradição taoísta (metal, água, madeira, fogo, terra), a medicina chinesa utiliza um sistema extremamente complexo de análise das relações de criação e destruição de um elemento pelo outro para tratar um meridiano através do trabalho em pontos-chave de outros.

O primeiro ciclo, o de captação de energia, começa às 3 horas da manhã e termina às 11 horas. Embora possa parecer arbitrária a escolha dessa hora de início (por que não ao amanhecer? ou à meia-noite?), atualmente existem conhecimentos de fisiologia que confirmam a observação empírica de que, por volta das 3 horas da manhã, o organismo está em estado de "máximo yin"(ou seja, frio máximo, tranqüilização e dispersão máximas). Qualquer clínico sabe que esse é o horário em que a temperatura corporal está mais baixa, o que significa que o metabolismo está mais reduzido, o organismo funciona mais lentamente, consome menos oxigênio e energia. Estando menos ativo, o organismo está mais receptivo. Não é por acaso que algumas religiões escolhem esse horário para realizar certos rituais iniciáticos que exigem um estado de receptividade física e psíquica máxima por parte do iniciando.

Esse primeiro ciclo começa pela ativação do meridiano dos pulmões, que estimula a absorção de oxigênio; é o período final de sono, em que o organismo começa a se preparar para a atividade (como diz o Taoísmo, no "máximo yin" surge o "jovem yang", a semente da energia oposta). Às 5 horas, perto da hora de despertar, é ativado o meridiano do intestino grosso, cuja função envolve a reabsorção de líquidos (necessária para auxiliar o funcionamento dos pulmões), a eliminação de resíduos e da energia estagnada. Às 7 horas é ativado o meridiano do estômago: ao tomar o desjejum, nosso organismo já está se preparando para digeri-lo. Por fim, às 9 horas, quando estamos já em plena atividade física, é ativado o meridiano do baço e do pâncreas, que regula a quantidade de células sangüíneas disponível para suportar o aumento das necessidades de oxigênio e a liberação do açúcar usado como combustível pelo organismo.

O segundo ciclo, de absorção e excreção, começa por volta das 11 horas e termina às 19 horas. Inclui o período em que fazemos as principais refeições do dia e apenas esse fato já fala do que ele representa para o organismo. No meio desse ciclo o organismo passa pelo momento de "máximo yang" (calor máximo, contração e atividade máximas), por volta das 15 horas, que é o período da "febre da tarde", comum em crianças pequenas mesmo na ausência de qualquer doença. Às 11 horas, no final da fase de atividade matutina, é ativado o meridiano do coração, que regula todas as funções físicas e emocionais relacionadas a esse órgão, inclusive agüentar a sobrecarga da atividade diurna. Às 13 horas, perto da hora do almoço, que em geral é a refeição mais forte do dia, é ativado o meridiano do intestino delgado, que a medicina chinesa considera o formador do sangue (realmente, é esse órgão que manda para o sangue as gorduras, proteínas e açúcares digeridos). Às 15 horas (o momento de "máximo yang") termina a fase de absorção e começa a de excreção; é ativado o meridiano da bexiga que, além de regular seu órgão específico, atua sobre as outras vísceras através dos nervos próximos à coluna vertebral, ao longo da qual ele corre. Por fim, às 17 horas, é ativado o meridiano dos rins que, na medicina chinesa, são considerados o reservatório da energia ancestral; por isso esse meridiano regula ao mesmo tempo a excreção renal e a atividade sexual.

O terceiro ciclo, que começa às 19 horas, é o de utilização da energia que foi captada e absorvida ao longo do dia. Às 19 horas é ativado o meridiano da circulação e do sexo, que controla tudo o que é ligado à circulação (os líquidos do corpo, os hormônios, os anticorpos) através do plexo nervoso regulador do coração, e também o lado mais emocional da sexualidade; é o período em que tudo o que foi absorvido começa a ser distribuído pelo corpo. Às 21 horas, quando já estamos reduzindo o nível de atividade, é ativado o meridiano triplo-aquecedor que, através dos hormônios da supra-renal, coordena todas as glândulas endócrinas, controlando todas as funções do organismo; nessa fase, ele "checa" os níveis de funcionamento de todos os sistemas e faz as mudanças necessárias. Às 23 horas, quando vamos dormir, é ativado o meridiano da vesícula biliar que regula a distribuição de nutrientes no organismo, agindo principalmente sobre as gorduras e os produtos da destruição das células sangüíneas velhas. Finalmente, à 1 hora da madrugada, é ativado o meridiano do fígado, cuja atividade inclui a desintoxicação do organismo, a síntese de várias substâncias e o armazenamento de outras, o que é feito durante a fase de sono mais profundo, quando o organismo inativo pode se dedicar integralmente à sua regeneração interior.

Essa teoria, baseada provavelmente em antiqüíssimos dados empíricos, tem sido ultimamente confirmada pelas pesquisas da Cronobiologia. Esse ramo recente da Biologia vem descobrindo que, efetivamente, diferentes estruturas do organismo se ativam e desativam em ciclos diferentes que se complementam, permitindo o funcionamento harmonioso do organismo como um todo ao longo do dia. Assim, por exemplo, as enzimas que neutralizam substâncias tóxicas e as células do sangue que atacam as infecções são mais ativas durante a noite, especialmente dentro do horário de "máximo yin". Esse também é o horário em que ocorre a regeneração dos tecidos (pele, mucosas, etc.) e o período em que o hipotálamo (região do cérebro que regula as funções autônomas) reduz a atividade geral do organismo (respiração, batimentos do coração, etc.); por isso, é o período de menor risco para a ocorrência de infartos e derrames, embora seja o momento preferido pelos bebês para nascer (talvez pelo estado de descontração em que está o corpo da mãe). Em compensação, o período final do ciclo de captação de energia (por volta das 9 horas) é o momento de maior risco para infartos e derrames, possivelmente por causa dos níveis hormonais presentes no sangue, da sensibilidade das células a várias substâncias e da atividade dos fatores de coagulação sangüínea. Nesse período, as células da pele e das mucosas já reduziram sua atividade; ao longo do dia, elas irão se desgastar até que, 24 horas depois, entrarão em novo pico de reprodução para regenerar os tecidos.

A Cronofarmacologia (Farmacologia relacionada ao tempo) vem aplicando os conhecimentos adquiridos pela Cronobiologia ao tratamento das doenças. Foi observado que, quando os medicamentos são empregados em momentos específicos do ciclo diário de atividade do tecido ou órgão a ser tratado, sua eficácia é muito maior e seus efeitos nocivos podem ser reduzidos. Por exemplo, se as células doentes de um órgão são mais ativas em horário diferente do das células normais, o medicamento aplicado no horário de atividade das primeiras será mais absorvido por elas e pouco afetará as segundas.

Outro fenômeno relacionado com a variação da atividade corporal ao longo do dia já foi consagrado, sem que se soubesse sua causa, nos programas de atividade cotidiana das disciplinas ocidentais de desenvolvimento espiritual. É dito por essas disciplinas que a manhã é o melhor período para as atividades físicas; a tarde, para o trabalho intelectual; e a noite, para o recolhimento e a reflexão. Foi observado pela Cronobiologia que, no período próximo ao amanhecer (ou seja, ainda dentro do "yin máximo"), a atividade cerebral consciente é mínima, coincidindo com a fase de baixa temperatura corporal e metabolismo lento. Após o despertar, a atividade cerebral continua lenta por muito tempo; nesse período, enquanto a temperatura corporal (e, portanto, o metabolismo, a vitalidade) está baixa, a memória e o humor costumam estar piores que no resto do dia. Conforme a temperatura corporal aumenta, crescem a oxigenação e a alimentação do cérebro; à tarde, no pico de atividade máxima, a capacidade para realizar tarefas intelectuais é máxima também. Isso, entretanto, não tem nada a ver com o sono que sentimos após o almoço: este é um período passageiro em que o organismo precisa voltar suas energias para a digestão - principalmente quando a refeição é muito pesada. Assim se confirma a teoria de que, pela manhã, é mais fácil ativar os músculos do que o cérebro; e à tarde o cérebro já está pronto para funcionar, enquanto o corpo está mais parado. Já após o anoitecer, quando o nível de atividade começa a diminuir e o cérebro começa a desbloquear as regiões indutoras do sono, a pessoa se torna mais propensa a relaxar, meditar e repousar.

Esse ciclo tão complexo, que envolve subidas e descidas dos níveis de atividade das várias funções do organismo, é basicamente determinado pelo sol. Não apenas a presença ou ausência da luz visível, mas também a incidência de maior ou menor quantidade de outros tipos de radiação vindos do sol, a maior ou menor temperatura gerada no ambiente, são fatores determinantes de mudanças fisiológicas em todos os organismos e que dependem exclusivamente da posição do sol a cada momento do dia em relação ao ponto da Terra em que vivemos.

A lição prática que podemos tirar de todas essas informações é a de que trocar a noite pelo dia não é uma prática saudável. Fora alguns momentos especiais, como as grandes festas agrícolas e rituais religiosos importantes, todas as sociedades humanas, ao longo de milhares de anos, respeitaram o padrão biológico da espécie, que consiste na atividade diurna e no repouso noturno. A sociedade moderna, entretanto, com seu distanciamento da natureza, tende cada vez mais a desrespeitar esse padrão. Enquanto as fontes artificiais de iluminação disponíveis para os humanos eram limitadas, essa mesma limitação forçava as pessoas, por falta de alternativa, a dormirem durante a noite; agora, com as lâmpadas cada vez mais potentes, as pessoas pensam que podem eliminar de suas vidas a necessidade do repouso noturno. Nas grandes metrópoles, em todo o mundo, já se tornou rotineira a disponibilidade de todo tipo de comércio e serviços nas 24 horas do dia; o sonho de muitas administrações é criar o "dia eterno", com cúpulas de iluminação artificial que eliminem a escuridão da cidade. O período de sono se torna algo arbitrariamente determinado, de acordo com as conveniências e obrigações de cada pessoa. O ideal é que a cidade não pare, a sociedade não pare, a produção não pare, o consumo não pare, o enriquecimento não pare.

O que não se leva em conta, para definir os horários de lazer e trabalho, é que dormir à noite não é um preconceito ou um hábito imposto pela sociedade. A noite é o período em que, naturalmente, todas as funções orgânicas humanas são reduzidas e o cérebro envia comandos para amortecer as atividades conscientes, permitindo que o corpo e a mente se recomponham. Não é uma simples questão de hora ou de claridade, mas de relógio biológico da espécie. É claro que nosso organismo é suficientemente forte e flexível para agüentar (pelo menos aparentemente) uma inversão de horário; mas certamente, a longo prazo, os desequilíbrios orgânicos e psíquicos resultantes da falta do período normal de recuperação conduzirão às mais diversas enfermidades. Não basta dormir o mesmo número de horas em outra fase do dia; em outro horário, nosso organismo estará se preparando para um outro tipo de função e, mesmo que seja forçado ao sono e se acostume a isso, o repouso não será aproveitado de maneira ideal.

Muitas pessoas invertem seus horários com o objetivo de se divertir; na nossa sociedade, o comportamento socialmente aceito é o lazer noturno com atividade intensa. Nesse caso, a questão que se coloca é uma escolha entre o respeito e amor por si mesmo, pela própria saúde, ou a submissão a condutas prejudiciais impostas pela coletividade. O verdadeiro desafio, a meu ver, se coloca para pessoas que são obrigadas, pela natureza do seu trabalho, a inverter, periódica ou permanentemente, seus horários de atividade e repouso. Se uma butique aberta à meia-noite é perfeitamente dispensável, um plantão médico ou um serviço de manutenção do fornecimento de energia são essenciais. O sábio Erasmo de Roterdam, ao escrever o "Elogio da Loucura", falou dessas pessoas - da loucura graças à qual existe quem sacrifique o próprio bem-estar para apagar incêndios, atender acidentes e aguardar o nascimento de bebês. Essas pessoas é que precisarão realizar o maior esforço para encontrar meios de suprir sua necessidade de repouso noturno - através da garantia de períodos de ciclo diário "normal" ou pela aprendizagem de técnicas de relaxamento profundo que lhes permitam repousar bastante em curtos períodos eventualmente disponíveis ao longo da jornada de trabalho.

CURIOSIDADES

DIVISÃO DO DIA: Nem sempre as horas do dia foram medidas e designadas como o fazemos hoje. Na Antigüidade, era freqüente a divisão do dia em horas diurnas e noturnas, medidas pela posição do sol e das estrelas no céu. A magia européia ainda usa este sistema: nele, o dia começa quando o sol nasce. As 12 horas diurnas são determinadas dividindo-se por 12 o tempo (atualmente, o número de minutos) que decorre entre o nascer e o pôr-do-sol; as noturnas são determinadas pelo mesmo processo, para o período entre o pôr-do-sol e a aurora do dia seguinte. Cada hora é atribuída a um planeta; a ordem varia de dia para dia, pois depende do planeta da primeira hora diurna, que é o regente do dia. Enquanto a maioria das culturas marca o início do dia pelo alvorecer, a tradição religiosa judaica considera que o dia começa no anoitecer da véspera, no momento em que são visíveis as três primeiras estrelas no céu.

MEDIDAS DO TEMPO: Desde a Antigüidade, as pessoas sempre se preocuparam em criar instrumentos que lhes permitissem medir com exatidão a passagem do tempo, especialmente na impossibilidade de observar o sol ou as estrelas. O *meridiano* é o conhecido relógio de sol, que talvez tenha sido o ponto de partida para a criação de outros mecanismos que marcassem divisões já conhecidas do tempo. O meridiano consiste apenas numa haste cuja sombra se projeta sobre uma base em que estão marcadas as horas do dia. Conforme o sol se desloca no céu, a sombra se desloca, marcando as horas. A *clepsidra* marca as horas pela passagem de água de um recipiente para outro; o sistema pode ser bastante sofisticado, fazendo, por exemplo, com que a água encha o recipiente correspondente a uma hora depois de encher pequenas divisões para os minutos. A *ampulheta* é semelhante à clepsidra, mas usa areia em vez de água. Outro sistema pouco divulgado é o uso de velas ou palitos de incenso de comprimentos determinados e, às vezes com marcas ao longo do comprimento, que se queimam num período conhecido; esse método foi usado para medir o tempo que deveria ser dedicado às orações noturnas nos monastérios antigos, sendo que os hindus usavam uma base em que o incenso fica quase horizontal e vai deixando a cinza cair ao longo das marcas que indicam o tempo. Por volta do século XIII, na Itália, foram inventados os relógios mecânicos, em que um sistema de rodas, movido por um pêndulo ou uma mola, move ponteiros que indicam a hora num mostrador. Por fim, no século XX, foram inventados cronômetros muito precisos, que se utilizam, para medir o tempo, das vibrações dos átomos de um cristal de quartzo ou de um gás submetido a uma corrente elétrica.

MERIDIANO   CLEPSIDRA

AMPULHETA   INCENSO

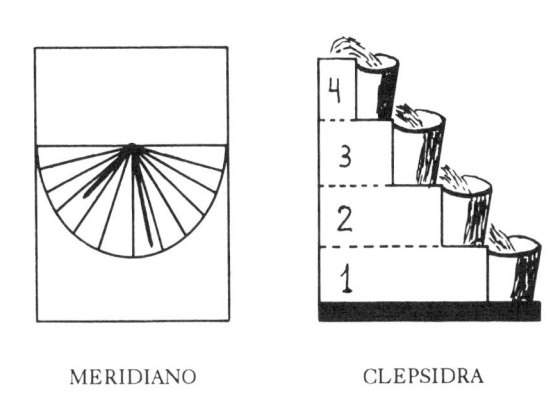

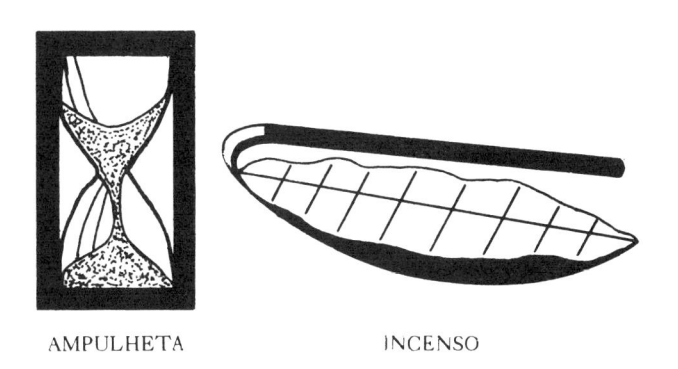

Figura 1: Relógios Antigos.

HORAS CANÔNICAS: As Igrejas Católicas (tanto a Oriental como a Romana) dividem o dia nas Horas Canônicas, que são os momentos em que, principalmente nos monastérios medievais, eram feitas as orações cotidianas. O Horário Canônico corresponde, por coincidência, ao ciclo diário da medicina chinesa: as atividades de vigília ocorrem no primeiro e no segundo ciclos, sendo o terceiro dedicado ao repouso. Ele segue o ciclo do sol..

Matinas (Vigílias)	2:30 - 3 horas
Laudes (Matutinas)	5 - 6 horas
Primeira	7:30 horas
Terceira	9 horas
Sexta	12 horas
Nona	14 - 15 horas
Vésperas	16:30 horas
Completas	18 horas

NOMES POPULARES: No interior do Brasil existe uma nomenclatura para as horas baseada na posição do sol e em fenômenos associados.

1 hora – primeiro canto do galo
2 horas – segundo canto do galo
3 horas – madrugada alta
4 horas – madrugadinha
5 horas – ao quebrar da barra
6 horas – com o sol de fora
7 horas – uma braça de sol
8 horas – sol alto
9 horas – hora da merenda (do café ou do almoço, conforme a região)
10 horas – tarde da manhã
11 horas – quase meio-dia
12 horas – sol a pino, meio dia
13 horas – descambar do sol (cair do sol)
14 horas – na fresca da tarde
15 horas – de tarde, cedo
16 horas – à tardinha
17 horas – perto do pôr-do-sol

18 horas – pôr-do-sol
19 horas – noitinha
20 horas – de noite, cedo
21 horas – tarde da noite
22 horas – hora de assombração
23 horas – quase meia-noite
24 horas – meia-noite

PERCEPÇÃO

REFLITA A RESPEITO DAS SEGUINTES QUESTÕES: Como é o seu dia? Como estão divididas as suas diferentes atividades? Você tem atividades diversificadas ou ocupa todo o seu dia com um único tipo de atividade (intelectual, física, etc.)? Você gosta do modo como suas atividades estão distribuídas? Algum tipo de atividade está sobrecarregando você? Você sente falta de algum tipo de atividade? Como é seu horário de repouso? Você está satisfeito com a divisão do seu dia em períodos de atividade e repouso?

DESENHE O SEU DIA: Faça um mapa, do modo que preferir, que dê uma visão de como está organizado seu dia. Use a forma que quiser: um relógio, uma estrada, uma planta baixa, um fluxograma, uma mandala, etc. Trabalhe com quantas técnicas desejar: desenho, pintura, colagem de qualquer material, modelagem com papel ou massa, etc. Use formas e cores que representem o peso de cada atividade no seu dia e seus sentimentos em relação a ela. Tente criar um "personagem" para representar você mesmo quando está mergulhado em cada atividade: use modelos bem estereotipados, como figuras de historinhas, personagens folclóricos e expressões populares. Repare se o personagem permanece o mesmo em várias atividades ou se você tem vários papéis à sua disposição ao longo do dia. Quando terminar, observe seu "mapa" e reflita sobre ele. Você pode repetir essa meditação pelo tempo que desejar: provavelmente, quanto mais observar seu mapa, mais coisas descobrirá sobre o seu cotidiano. Olhe-o como se pertencesse a outra pessoa e tente perceber as impressões que ele lhe causa, independente do conhecimento anterior que você tem sobre ele.

APERFEIÇOAMENTO

REFORMULE SEU DIA: A partir do resultado de suas reflexões, procure encontrar formas viáveis de melhorar sua rotina. Procure se tornar mais consciente do que está realmente fazendo a cada momento do dia, para perceber e atender os sinais de alerta que seu corpo lhe enviar quando estiver cansado, intoxicado, entediado ou sentindo qualquer outro tipo de mal-estar. Use sua criatividade para inventar modos de superar as limitações impostas por suas obrigações diárias, sem que para isso sinta-se forçado a se isolar do mundo e desleixar suas responsabilidades.

MUDE SEU MAPA: Aos poucos, conforme for refletindo sobre ele, crie um novo desenho que atenda melhor aos seus desejos e necessidades. Mude as formas, as cores e a disposição dos elementos como quiser. Se desejar, mude também os personagens. Use esse novo mapa como um guia. A cada dia, observe-o e tente viver os novos personagens, a nova divisão do seu tempo e os sentimentos que quer experimentar.

CONVERSE COM SEUS PERSONAGENS E PASSEIE NO SEU MAPA: Faça, com a freqüência que desejar e durante o tempo que sentir necessário, fantasias com seu mapa. Escolha um momento e lugar em que possa ficar tranqüilo por alguns minutos. Sente-se em posição confortável, feche os olhos, sinta todo o seu corpo e procure relaxar. Pense no seu mapa. Escolha uma parte dele para visitar. Imagine que está entrando nessa parte, como Alice entrou no país das Maravilhas. Observe tudo ao seu redor, perceba como se sente no lugar. Encontre o personagem que vive aí, converse com ele, faça o que quiser. Só o que você não deve fazer é tentar forçar o comportamento do personagem e de outros elementos do lugar: aceite o que lhe vier à cabeça, por mais maluco que seja. Você mesmo, na fantasia, deve tomar suas decisões como faria se estivesse vivendo uma situação real. Se algum personagem quiser fazer algo que não lhe agrada, você é livre para criticar, recusar-se a participar, fazer algo diferente ou tentar se opor a ele; mas perceba se você não está com medo de algo novo, às vezes vale a pena criar coragem para seguir algo meio estranho.

Aproveite a fantasia para fazer as mudanças que quiser no lugar e no personagem; depois, deixe a história correr livremente, para ver o resultado da mudança. Quando estiver satisfeito, despeça-se do personagem e retorne para o presente, sentindo novamente o seu corpo e voltando a se mover aos poucos. Você não precisa trabalhar cada lugar de uma só vez, vá aos poucos; se encontrar dificuldade, deixe para outro dia, retorne ao ponto onde parou e vá continuando a aventura aos poucos, até ficar satisfeito com o resultado. Não censure suas fantasias. Mesmo que algo lhe pareça absurdo, aceite; se quiser, transforme-a numa superprodução de ficção científica ou de realismo fantástico. Depois procure refletir sobre o significado de tudo o que imaginou.

Numa etapa mais avançada do trabalho, você pode colocar dois ou mais personagens para conversar, a fim de tentar resolver conflitos entre áreas diferentes de sua vida. Nesse caso, você pode ficar de lado, apenas observando a conversa entre eles, ou pode participar como mediador, fazendo perguntas ou dando sugestões que possam facilitar sua conciliação.

Nem sempre um personagem é problemático; nunca um personagem é apenas problemático. Todos os nossos personagens interiores têm algo de bom para nos dar, mesmo que estejam meio confusos no momento. Por isso, lembre-se de perguntar sempre o que cada um deles tem de bom para lhe oferecer; às vezes, sua intenção é muito diferente da sua ação aparente. Se eles estão causando problemas, provavelmente é porque alguma necessidade básica sua não está sendo atendida. Pergunte sempre do que eles estão precisando para viver melhor. Aproveite sua sabedoria interior, que se expressa pela voz desses personagens: peça conselhos e sugestões, talvez eles possam esclarecer algo que está obscuro para você e mostrar um caminho melhor a seguir. Por fim, não se perca em suas fantasias: esses personagens são *você mesmo*, não individualidades independentes. A vida deles é a sua própria vida interior; o fato de serem tão mais sábios indica apenas que você é muito mais sábio do que imagina.

SIGA O TEMPO NATURAL: Tente passar a se orientar pelo sol e por outros sinais naturais. Tente perceber a sucessão das suas atividades e as mudanças em seu organismo usando pontos de referência da natureza. Experimente usar a nomenclatura popular para as horas do dia e procure fazer contato com o que acontece na natureza a cada momento. Se preferir, crie uma nomenclatura pessoal usando pontos de referência do lugar em que você vive e do modo como você percebe a natureza.

CAPÍTULO II
RITMOS PESSOAIS

Nos dois últimos séculos, quando o padrão oficial de conhecimento científico foi dominado pela ânsia do rigor matemático, criou-se uma visão extremamente rígida e mecânica do organismo humano. Os cientistas confundiram o "saudável" (um conceito biológico que se refere ao organismo que é harmonioso) com o "normal"(um conceito matemático que se refere ao que é freqüente, comum, e que chegou à biologia através da sociologia funcionalista, que via a sociedade como um organismo). A partir dessa confusão, criaram critérios rígidos para avaliar se uma pessoa é "normal" (saudável). A velocidade da respiração, do batimento cardíaco, a quantidade de inúmeras substâncias no sangue, os horários de realização de várias funções foram enquadrados em padrões que admitiam apenas uma estreita faixa de variação.

Esse tipo de "ciência" se desenvolveu a reboque do pensamento puritano que marcou fortemente o final do século XIX e o início do século XX. Na verdade, o fundo dessa teoria é a necessidade de comprovar "cientificamente" uma série de normas de conduta cujo objetivo é simplesmente controlar a vida das pessoas dentro da sociedade. O principal interesse por trás desse controle foi padronizar uma rotina cotidiana adequada aos horários de trabalho da sociedade moderna. Na época estava desaparecendo o trabalhador independente, a pequena indústria caseira, que anteriormente permitia que cada pessoa criasse seu horário de trabalho de acordo com sua conveniência; esse sistema de trabalho estava sendo substituído pela grande indústria, onde um grande número de trabalhadores deve se submeter aos mesmos horários. Portanto, tornava-se indispensável padronizar as horas de dormir e acordar, o horário da alimentação e o tempo destinado ao lazer. Era necessário, também, tornar natural e desejável uma vida dura e sem confortos. A Medicina dessa época foi dominada por dois produtos dessa necessidade industrial. Um deles, o mais antigo, foi o tipo de "Terapia Naturista" ou "Higiene" que surgiu principalmente na Alemanha e daí se espalhou por todo o mundo ocidental, levada em triunfo pelos arautos da "ciência moderna, positiva e progressista". Essa higiene puritana pregava a necessidade da imposição de uma disciplina rígida ao corpo: banhos frios mesmo no auge do inverno europeu, dormir quase nu e com as janelas abertas também no frio máximo, horários rígidos para acordar, comer e dormir, padrões alimentares inflexíveis, ginásticas duras. O objetivo declarado dessa linha da Medicina era tornar o corpo mais resistente, para assim eliminar as doenças; mas o que ocorria na prática era uma disciplina de quartel que tirava todo prazer e espontaneidade das atividades mais naturais. É interessante observar que esse tipo de teoria só é produzido dentro de sociedades autoritárias: povos mais igualitários, sejam quais forem seu modelo social e as dificuldades materiais que enfrenta, tendem a ser bem mais liberais, menos preocupados com a normatização de todos os detalhes da vida individual.

A segunda teoria médica controladora, que até há poucas décadas ainda era vista com simpatia, foi a Puericultura Moderna. Através dela, a disciplina puritana passou a ser imposta desde o nascimento dos bebês. A ciência oficial adotou o modelo saxão (alemão e inglês) de educação, que considera que crianças são adultos em miniatura, que devem ser treinados desde cedo para se comportar como a sociedade deseja. Todo o componente emocional da relação mãe-filho foi desvalorizado; o médico passava para as mães a idéia de que o modo correto de criar seus filhos inclui impor horários rígidos de alimentação desde o primeiro mês de vida; promover o desmame precoce, "ensinar" o bebê a ficar sozinho, sem ser tocado, o mais cedo possível; realizar também, o mais cedo possível (quando o organismo ainda nem está pronto para isso), o treinamento da higiene (evacuar e urinar em horas e locais determinados); e finalmente criar uma rotina diária em que os horários de todas as atividades, desde a hora de acordar até a de dormir, são predeterminados.

Não é preciso dizer que os padrões considerados "normais", os horários "corretos" e "saudáveis", foram determinados por técnicos, que se basearam simultaneamente nos dados de seus padrões de normalidade (Qual o tempo médio que uma pessoa deve dormir? Qual o tempo médio que dura o processo digestivo?) e nas necessidades sociais (A que horas é desejável que as pessoas acordem? A que horas é mais conveniente que sejam feitas as refeições para que não atrapalhem o horário de trabalho?). Esses padrões se difundiram e foram preconizados pelos médicos como o modo de vida mais saudável: você deve dormir exatamente 8 horas por noite; deve acordar às X horas (geralmente em torno das 6 da manhã) e dormir às Y horas (em torno das 22 horas); deve fazer exatamente 4 (ou 3, segundo os mais rígidos) refeições ao dia, com intervalos de exatamente 4 (ou 5) horas, e não deve comer nada nos intervalos; deve tomar uma determinada quantidade de líquidos; deve usar certos produtos e evitar outros; e assim por diante e, freqüentemente impondo a pessoas saudáveis dietas e hábitos criados para atender aproblemas graves de saúde.

Um autor alemão de meados do século XX, Fritz Kahn, fez uma observação muito perspicaz em seu livro *O corpo humano;* disse ele que muitos dos atritos entre casais se originam do fato de que cada um desconhece as necessidades orgânicas do outro, tenta impor o próprio ritmo à vida do casal e recrimina o outro por não conseguir acomnpanhá-lo. Embora essa opinião soasse como uma heresia na década de 40, em pleno florescimento da Higiene e da Puercultura Científicas, hoje em dia a fisiologia tem motivos para aceitá-la. O estudo dos ritmos orgânicos de muitas espécies, inclusive da humana, demonstrou que não existem padrões muito rígidos na natureza. Por exemplo, se quisermos usar como padrão de saúde a concentração sangüínea de uma determinada substância, observaremos que, ao contrário da idéia tradicional de que existe uma "faixa de normalidade" mais ou menos estreita, o que ocorre é que uma gama bastante variável de valores pode ser encontrada em indivíduos saudáveis sob todos os aspectos. Cada vez mais a Biologia aceita uma ampla variação nas funções orgânicas sem que o indivíduo saia do padrão de saúde da sua espécie. Essa nova teoria coloca por terra a higiene puritana e todas as normas que a ela se assemelham, como as regras ascéticas dos monges das religiões orientais que recentemente foram adotadas como padrão de conduta por grupos naturistas.

O que se sabe hoje em dia é que, dentro dos limites grosseiramente traçados pela alternância do dia e da noite, cada indivíduo apresenta um ritmo mais ou menos pessoal. Esse se chama "ritmo circadiano", o que quer dizer "que dura cerca de um dia", justamente por não ser muito exato. Ao que tudo indica, esse ritmo é determinado pelo padrão de funcionamento das glândulas endócrinas e pela velocidade com que os diversos sistemas do organismo respondem às mudanças que ocorrem ao longo do dia. As diferenças podem ocorrer em várias funções, não necessariamente associadas entre si, o que torna bem grande o número de possíveis combinações dessas características em diferentes pessoas. Duas características das mais importantes, pois influenciam diretamente a vida social da pessoa, são o padrão sono-vigília e o ritmo de alimentação.

Existem pessoas "diurnas" e "noturnas". Isso não quer dizer que, dentro da espécie humana, existam indivíduos com padrões de sono totalmente opostos; o que ocorre é que algumas pessoas funcionam mais pela manhã e outras ao anoitecer. O primeiro tipo costuma ter o metabolismo um pouco mais acelerado; logo ao acordar, seu organismo realiza rapidamente as mudanças necessárias para se pôr em atividade. Essas são as pessoas que literalmente "pulam da cama"quando o galo canta; são as que nunca perdem a hora, nunca dormem demais, saem de casa logo cedo comentando quantas coisas já fizeram pela manhã e – suprema humilhação para os dorminhocos – nunca precisam de despertador. Os "diurnos"se sentem bem para realizar atividades físicas intensas logo pela manhã, é o horário em que preferem trabalhar. Nas férias, são os que madrugam nas praias, nas caminhadas e nas trilhas de alpinismo. Em compensação, quando chega a tarde, seu ritmo começa a diminuir. Ao anoitecer, seu programa preferido é sombra, água fresca e o conforto de casa, e bem cedo já estão morrendo de sono. Em geral, dormem rapidamente e em aproximadamente uma hora atingem o sono profundo; por isso, em poucas horas já supriram a maior parte de sua necessidade de sono, podendo acordar cedo e bem dispostos.

Já os "noturnos"começam a funcionar bem devagar. Custam a acordar, se puderem ficam um tempo enorme na cama a bocejar e se espreguiçar. Esses são os mal-humorados matinais, que amaldiçoam o despertador e arrastam os chinelos pela casa como sonâmbulos. Se têm compromissos logo cedo, freqüentemente se atrasam, pois não conseguem se arrumar depressa. Os "noturnos"costumam render pouco pela manhã; somente depois do aporte extra de energia fornecido pelo almoço é que o seu organismo parece acordar. Ao entardecer estão despertos e alegres; com um vigor impossível de se entender pelos "diurnos", adoram ir ao mercado à noite e ler até muito tarde. Se tentarem dormir cedo, provavelmente ficarão rolando na cama com os olhos abertos, pois só há pouco é que seu cérebro acabou de acordar. Demoram várias horas para aprofundar o sono, que não é muito profundo; por isso, precisam de muito mais tempo que os "diurnos" para satisfazer a necessidade de repouso. Por esse motivo, acordam tarde e mal-dispostos.

Com o ritmo de alimentação ocorre uma variação semelhante. Existem organismos cujo metabolismo é mais lento; eles consomem devagar a energia que absorvem, por isso podem deixar passar muito tempo entre duas refeições. Esse mesmo tipo de organismo, como realiza todas as reações químicas lentamente, é capaz de receber de uma só vez uma grande quantidade de alimentos, que vai sendo digerida aos poucos, ele leva muito tempo para terminar a digestão e absorve até a última gota de nutrientes dos alimentos, que irá utilizar lentamente. As pessoas pertencentes a este tipo se adaptam bem a um regime alimentar constituído por poucas refeições substanciais, separadas por grandes intervalos. Este é o padrão recomendado pela maioria das teorias dietéticas; mas elas ignoram que existe um outro tipo de organismo cujo metabolismo é rápido e queima velozmente toda a energia que absorve. As pessoas desse tipo digerem e utilizam rapidamente os alimentos, o que significa que sentirão fome pouco depois de fazerem uma refeição. Mas não adianta reforçar a refeição, pensando que ela foi insuficiente, este tipo de organismo só consegue digerir e utilizar pequenas quantidades de alimentos de cada vez. Uma grande refeição (em particular o "desjejum reforçado", na hora em que seu estômago ainda não acordou) produzirá apenas dois resultados: desperdício de alimentos, pois do volume total da refeição o organismo só aproveitará a quantidade adequada à sua capacidade metabólica, desprezando o resto; e mal-estar e distúrbios digestivos, pois o alimento não digerido se acumulará no intestino e aí permanecerá por longo tempo fermentando e produzindo toxinas. O regime alimentar ideal para essas pessoas consiste em um número maior de refeições (geralmente 6), a intervalos curtos (2 a 3 horas) e com pequeno volume de alimentos de fácil digestão.

Na sociedade moderna, às vezes, torna-se difícil a percepção de qual é o melhor regime alimentar para nós, por causa de dois importantes fatores de pressão social. Por um lado, existe a tendência à imposição de horários rígidos de alimentação. Toda sociedade cria seu padrão alimentar e faz parte do comportamento socialmente aceito seguir as normas alimentares, "fazer como todos fazem". Tanto em casa como no trabalho, é muito mais fácil determinar uma hora em que todos larguem suas atividades, façam suas refeições e voltem à rotina, do que ter horários flexíveis para atender às necessidades individuais.

O outro fator é a grande voracidade, o consumo compulsivo de alimentos desnecessários, que se tornou conduta dominante na nossa culura. É como um ritual religioso: mal as pessoas saem de casa, já sentem necessidade de entrar numa lanchonete, comer um salgadinho e tomar um refrigerante. Se passarem um longo período fora de casa, provavelmente o ritual se repetirá várias vezes dentro do período que deveria o intervalo entre duas refeições. O único limite é imposto pelo poder aquisitivo, pois mesmo quem não tem muito dinheiro disponível para gastos supérfluos é influenciado pela pressão social de "fazer como os outros". O grande problema é que as pessoas não param para perceber como seu organismo está se sentindo. Normalmente, eles seguem o desejo mais visual (é difícil resistir a certas vitrines de doces) e talvez um impulso para se ocupar, para preencher sua vida. Quando a pessoa presta atenção ao que se passa no corpo, geralmente percebe que não realmente com fome, mas apenas criou um hábito de comer em determinadas situações.

Qual seria a atitude mais sensata em relação aos seus ritmos corporais? Para começar, deixar de lado todos os preconceitos e teorias, e tentar perceber como seu organismo realmente se sente com diversos padrões de atividade; em seguida, adotar (na medida do possível) o padrão mais adequado a você. A regra dourada do bom senso é simples: durma quando sentir sono, coma quando sentir fome. Sempre que possível, organize sua vida de modo a respeitar os horários naturais do seu organismo. Se não for possível, tente dar um jeitinho! Procure dormir todo o tempo de que você precisa; apesar de a média da necessidade humana ser de 8 horas por dia, existem pessoas que se satisfazem com 6 ou mesmo 4 horas de sono, enquanto outras só se sentem recuperadas se dormirem por 9 ou 10 horas seguidas. Mas procure perceber se existe alguma coisa atrapalhando seu sono: às vezes, a gente simplesmente não consegue dormir todo o tempo de que precisa, ou dorme demais, porque não consegue dormir direito. Às vezes, existem bons motivos para a gente dormir menos do que o necessário; mas não deixe que isso se torne uma rotina e tente compensar o repouso perdido em outra ocasião.

Faça o mesmo em relação à alimentação. Não coma apenas porque está na hora da refeição; se o seu organismo não estiver sentindo necessidade de se alimentar, não se preparará direito para a digestão. Quando for comer, não se deixe levar pela gulodice; coma aos poucos e devagar, para dar tempo de seu cérebro perceber que aumentou o nível de nutrientes no organismo e desencadear a sensação de saciedade. Procure organizar seu horário alimentar da forma como seu organismo se sente melhor; apele para lanches bem planejados, guarde a sobremesa para mais tarde, leve na bolsa uma pequena porção de alimento adequado para uma merenda rápida se preferir refeições mais freqüentes, que são mais difíceis de organizar. Por outro lado, quando pensar em fazer "aquele lanchinho" na rua, pare por um momento e perceba se você tem realmente fome ou se está se entregando a um hábito mecânico; se tiver fome, coma algo saudável.

Bem, depois de todas essas críticas aos horários estabelecidos, você pode estar pensando: e então, eu devo instaurar a anarquia total na minha vida? E o que devo fazer com meus filhos: devo deixá-los livres para comer e dormir quando e como quiserem?

A meu ver, este é o grande desafio nessa questão: como criar um padrão diário, tão necessário à saúde física e mental, sem se submeter a normas arbitrárias. Nos últimos tempos, a "psicologização" (sem ofensa à psicologia de boa qualidade) das relações pais-filhos criou nos pais o medo de "traumatizar" as crianças: em nome da sua futura saúde mental, dão total liberdade aos filhos, ou melhor, não lhes oferecem qualquer limite. Essa conduta é extremamente prejudicial, pois a criança pequena, pela própria imaturidade do seu organismo, ainda não tem padrões bem definidos e precisa ser levada a estabelecê-los. Horários regulares para a alimentação, o sono e o funcionamento intestinal são hábitos indispensáveis para uma vida saudável; o cuidado que os pais devem tomar é observar seus filhos com atenção e carinho, para criar esses padrões de acordo com as características da criança, sem entrar numa disputa de autoridade com ela.

A mesma atitude é válida para os adultos. Não se trata de não ter padrões; trata-se de perceber qual é o melhor padrão para o seu organismo e abandonar normas impostas de modo arbitrário por você mesmo ou por outros. Uma norma só é válida quando tem um bom motivo para existir; examine os motivos das normas que você segue.

CURIOSIDADES

O RELÓGIO BIOLÓGICO: O hormônio da glândula pineal (a melatonina) é influenciado diretamente pelo sol; ao escurecer, sua produção aumenta. Ele é análogo ao mecanismo que faz certos animais, como os camaleões, se tornarem mais escuros quando o ambiente escurece. No ser humano, a melatonina parece funcionar em associação com uma região do hipotálamo (parte inferior do cérebro, próxima à pineal) cujas células, ativas durante o dia, talvez bloqueiem a pineal. Pesquisas mostraram que a melatonina tem efeito narcótico; dessa forma, o hipotálamo e a pineal parecem coordenar o ciclo sono-vigília, funcionando como uma espécie de interruptores que "ligam" e "desligam" o cérebro conforme seja dia ou noite. Esse relógio cerebral é regulado ainda dentro do útero, de acordo com o relógio da mãe.

RITMOS CEREBRAIS: Mesmo quando dormimos, existe atividade no cérebro. O funcionamento de suas células se manifesta por ondas de eletricidade cujo desenho é feito pelo aparelho de eletroencefalografia. De acordo com o nível de atividade do cérebro, são produzidas ondas mais rápidas ou mais lentas. Durante a vigília, quando estamos pensando e prestando atenção ao ambiente, ocorrem as rápidas ondas *Beta*, cuja freqüência é superior a 14 ciclos por segundo; quando fechamos os olhos e relaxamos, a atividade do cérebro se reduz e aparecem as ondas *Alfa*, cuja freqüência vai de 7 a 14 ciclos por segundo; quando adormecemos, ocorrem as ondas *Teta*, cuja freqüência vai de 4 a 7 ciclos por segundo; e no sono profundo ocorrem as ondas *Delta*, com menos de 4 ciclos por segundo.

O CICLO DO SONO: Durante uma noite de sono, repetimos várias vezes um ciclo formado por vários níveis de sono diferentes. Cada um desses ciclos tem aproximadamente 90 minutos de duração. Logo após adormecer, ocorre a Fase 1, em ritmo *Alfa*, com duração de 1 a 3 minutos; em seguida ocorre a Fase 2, com ondas *Alfa lentas* e duração de 10 a 15 minutos; na Fase 3, que dura de 5 a 15 minutos, ocorrem ondas *Teta*; a seguir vem a Fase 4, com ondas *Delta*, que dura uns 30 minutos. A seguir há um retorno à Fase 3 por 10 minutos e à Fase 2 por outros 10 minutos; então começa a Fase *Rem* (movimento ocular rápido), que é a fase dos sonhos; numa mesma fase podem ocorrer vários sonhos, separados por intervalos. Nesse primeiro ciclo predomina a fase de sono profundo, reparador. No segundo ciclo, após ficar por uns 30 minutos na Fase 2, ocorrem uma Fase 3 de 10 minutos e uma Fase 4 de 10 minutos; após um rápido retorno pelas Fases 3 e 2 (5 minutos em cada uma), ocorrem 15 minutos de Fase *Rem*. A partir do terceiro ciclo, ficam ocorrendo alternadamente apenas as Fases 2 e *Rem*, com 30 ou mais minutos para a primeira e o restante dos 90 minutos para a segunda. A partir daí é fácil acordarmos, pois o sono é bem mais superficial que no início da noite. Dependendo do ponto do ciclo em que acordarmos, poderemos recordar ou não o sonho.

SALIVAÇÃO: As glândulas salivares produzem saliva (necessária para continuar a digestão no estômago) até uma hora depois da refeição. O estímulo para isso é dado pelos resíduos de alimentos que permanecem na superfície da mucosa bucal. Por isso, apesar da forte propaganda em contrário, a atitude correta, para garantir uma boa digestão, é *não* lavar a boca imediatamente após as refeições, mas deixar passar um intervalo de uma hora.

A DIGESTÃO: O processo digestivo é um ciclo de funcionamento de vários orgãos que exige toda uma preparação. O estado do seu corpo e da sua mente, assim como o aspecto e o tipo dos alimentos e do ambiente em que você come, são essenciais para desencadear o processo. O organismo precisa se acalmar um pouco, deixar as outras atividades, para se dedicar plenamente à digestão. Além disso, a visão e o cheiro dos pratos desencadeia a produção de sucos digestivos; situações desagradáveis provocam contração em todo o aparelho digestivo, bloqueando a digestão.

PERCEPÇÃO

CONHEÇA SEU SONO: Se você está insatisfeito com seus horários atuais, talvez esteja desrespeitando seu ritmo natural; estude suas rotinas e tente torná-las mais adequadas às suas necessidades. Se você custa a relaxar e dormir, ou está desrespeitando seu ritmo biológico, ou está chegando à noite tão estressado que custa muito a diminuir o ritmo da atividade cerebral. Se você acorda durante a noite, provavelmente não relaxou o suficiente para atingir o sono profundo. Se você acorda cansado, ou está desrespeitando seu horário natural, ou adormece muito tenso e só começa a relaxar no final da noite. Se você tem insônia, não consegue dormir muito, dorme tarde ou acorda cedo demais, pode ser por excesso de tensão (se você fica exausto demais, custa a relaxar) ou por inatividade (sem exercício, o corpo não se cansa o suficiente para sentir sono).

CONHEÇA SEU RITMO ALIMENTAR: Se você não agüenta refeições grandes e pesadas, se sente fome a intervalos curtos, pode ter um metabolismo rápido ou pode precisar eliminar alimentos gordurosos (que dificultam a digestão) ou adicionar alimentos mais calóricos nas suas refeições (frutas e verduras são digeridas muito rapidamente; uma pequena porção de doce inibe a fome por muito tempo). Se você acha que está com o peso acima do ideal, procure perceber quando e quanto está comendo. Para começar, repare se, em algum momento do dia, você chega a sentir realmente fome (não desejo ou compulsão de comer). Perceba se, ao longo do dia, você faz refeições ou pequenos lanches quando não sente fome. Tente descobrir por que isso ocorre: é alguma situação social que faz com que você se sinta obrigado a comer? É algum tipo de tensão ou ansiedade, ou necessidade de dar atividade às mãos e à boca? Tente descobrir qual é seu ciclo alimentar verdadeiro e o que é que está "sobrando" em sua alimentação habitual. Além disso, preste atenção ao modo como você come; dê tempo para se sentir saciado. Se seu problema é o inverso, provavelmente terá de ser muito criativo para resolver o problema. Salários baixos, alto custo de vida e horários de trabalho extensos e rígidos são uma ótima combinação para produzir má alimentação. Para aliviar essa situação é preciso planejar sua alimentação de modo a usar os alimentos que sejam mais saudáveis e mais baratos; por exemplo, muitas vezes um prato feito é mais barato e mais completo do que um lanche mais simples. Levar um lanche bem feito de casa pode ser melhor que comer mal e caro na rua. As más condições de alimentação também causam outros problemas: se você tem digestão difícil, azia ou gastrite, provavelmente é muito tenso, está sempre mergulhado numa atividade intensa e não dá nem uma pequena parada para que o organismo ajuste seu ritmo às necessidades da hora da refeição.

APERFEIÇOAMENTO

RITUAL DO SONO: Qualquer que seja seu padrão circadiano, diurno ou noturno, você pode melhorar a qualidade do seu sono se se dispuser a pagar um pequeno preço, abrindo mão de alguns comportamentos em moda na nossa cultura. É essencial que você não mantenha um alto nível de atividade física ou mental até imediatamente antes de dormir. Por outro lado, é importante estar um pouco cansado para conseguir dormir. Portanto, é importante que você se movimente, caminhe, ou mesmo faça algum tipo de exercício físico durante o dia, mas nunca perto da hora de dormir. Mais ou menos uma hora antes de dormir, comece a diminuir os estímulos do ambiente em volta de você: diminua a iluminação na casa; se ouvir música ou vir televisão, diminua o volume do som; evite programas e leituras que exijam muita atenção e esforço mental ou que criem muita tensão emocional, como os filmes sangrentos que costumam ser exibidos à noite: uma pesquisa feita na Inglaterra mostrou que crianças que assistem a filmes de terror passam a apresentar síndrome de pânico, igual à de adultos submetidos a grandes violências. Pouco antes de dormir, pare todas as atividades comuns e realize seu ritual de sono como preferir: tome um banho morno (nunca frio), coloque a roupa de dormir, prepare seu quarto. Se gostar de ler um pouco, escolha algo leve e agradável; se quiser, ouça uma música suave, bem baixinho. Quando apagar a luz e se deitar, sinta por um momento como está seu corpo, respire profundamente e faça um relaxamento, deixando-se passar dele para o sono. Caso sinta dificuldade em adormecer, se os problemas do dia ficarem girando em sua cabeça, experimente fazer uma fantasia bem livre e agradável.

PROGRAMANDO PARA ACORDAR: Se você não conseguiu ainda se acostumar com um horário para acordar, experimente fazer diariamente o seguinte exercício: na hora de dormir, relaxe e concentre sua atenção na hora em que quer acordar no dia seguinte. Crie uma frase mais ou menos assim: "Sou capaz de acordar na hora em que desejo, sentindo-me bem desperto e bem disposto". Repita mentalmente quantas vezes quiser, enquanto se imagina acordado junto ao relógio que marca exatamente a hora desejada. Quando estiver satisfeito, deixe as imagens desaparecerem e prepare-se para dormir.

RITUAL DA REFEIÇÃO: Se você nunca dá tempo para o seu organismo se preparar para a refeição e por isso tem problemas digestivos, experimente fazer o seguinte: na hora de sua refeição, em vez de começar logo a comer, pegue uma dose moderada de cerveja, vinho, suco de fruta, chá ou consomê (uma sopinha feita só de caldo de carne ou legume). Tome bem devagar, saboreando, como se não tivesse mais nada para fazer. Tente não pensar em seus problemas nesse momento: coloque toda a atenção no sabor do que está tomando e nas sensações do corpo. Quando terminar, comece sua refeição e procure comer com calma.

REDUZINDO A VELOCIDADE: Se seu dia é muito corrido, se você está sempre muito acelerado, aproveite a hora de descanso após as refeições para fazer o seguinte exercício: dê um pequeno passeio andando bem mais devagar do que a sua velocidade habitual e aproveite para prestar atenção a tudo o que existe em volta de você, formas, sons, cheiros, etc. Pare para apreciar ao que lhe agradar mais. Se você não pode passear num lugar aberto, circule um pouco pelo lugar onde você está (em casa ou no trabalho), observando e tocando tudo o que normalmente não chama sua atenção.

RELAXANDO: Escolha um lugar e momento em que possa ficar por alguns minutos sem ser incomodado; pode ser logo ao acordar, no intervalo de repouso após o almoço, antes de dormir ou a qualquer hora do dia em que se sinta cansado. Sente-se ou deite-se em posição confortável, com o corpo bem apoiado e sem cruzar braços ou pernas (para não criar áreas de tensão). Comece prestando atenção à sua respiração: não tente mudá-la, apenas coloque nela a sua atenção. Deixe que sua mente se acalme. Agora, preste atenção aos seus pés: perceba sua posição e forma, sinta se existem tensões, procure relaxá-los. Pouco a pouco, faça a mesma coisa com as pernas, as coxas, os quadris, as costas, a barriga, o peito, os braços, antebraços, mãos, pescoço, cabeça. Você não precisa ficar imóvel; se desejar, mude de posição ou faça algum movimento que ajude a relaxar. Para descansar ainda mais, imagine que está em algum lugar muito agradável, onde pode ficar apenas repousando. Fique aí pelo tempo que quiser, apenas percebendo todas as sensações agradáveis que o lugar lhe dá. Quando estiver satisfeito, volte a perceber sua respiração e as sensações do corpo. Comece a se mover lentamente, vá aumentando os movimentos até espreguiçar e abrir os olhos. Se tiver pouco tempo disponível, faça um relaxamento rápido, mesmo que seja apenas ao longo da duração de 5 ou 10 respirações profundas e lentas. Se dispuser de um tempo maior, coloque uma fita com música própria para relaxamento (ou outra música suave de sua preferência) e permaneça relaxado por todo o tempo que durar a música. Se você adormecer, não há problema; seu sono será mais repousante e o despertar será normal. Você só deve tomar cuidado para não adormecer (e neste caso é melhor ficar sentado) se quiser relaxar para meditar. Quando você relaxa, seu ritmo cerebral passa de *Beta* para *Alfa;* conseguir realizar diversas atividades mantendo seu cérebro em *Alfa* é o grande segredo de todas as disciplinas de magia e controle mental.

CONSAGRANDO SEU DIA: Transforme todos os seus dias em acontecimentos mágicos. Não importa qual seja sua religião: use os símbolos e ritos ligados à crença que mais toca seu coração, pois na magia o maravilhoso faz parte de todas as religiões. Não se preocupe com "receitas de bolo" que dizem que você precisa usar um determinado tipo de roupa, objetos e imagens para que sua vida se torne mágica, use aquilo que tem significado para você. Se sua religião inclui algo desse tipo, escolha um lugar em sua casa para montar um pequeno altar, santuário ou oratório.

Existem pessoas que reservam um cômodo especial para isso, montando altares com todos os tipos de imagens e objetos ligados à sua crença; outras fazem um santuário em miniatura sobre um móvel ou num oratório preso à parede. Os japoneses costumam colocar, num canto da sala, um tapetinho diante de um vaso de flores e um quadro na parede, que eles contemplam ao meditar. Use esse local sempre que quiser fazer uma meditação especial, energizar algum desejo ou fazer uma cura mental. Muitas religiões têm orações e ritos especiais para as diversas horas do dia. Ao acordar, você pode chamar seu Anjo da Guarda e pedir sua proteção, pode saudar o sol ou invocar a divindade protetora do dia na tradição que você segue. Ao se lavar, preste atenção ao que faz e imagine seu banho como um ritual de limpeza física e espiritual. Nas horas das refeições, pare por um momento, e faça a oração que sua religião recomenda para essa hora ou simplesmente sinta no coração sua ligação com a natureza que lhe forneceu os alimentos. Ao começar cada uma de suas atividades no dia, torne-se consciente do que está fazendo; se quiser, peça uma proteção especial para esse momento e mentalize o resultado de seus desejos realizados. Os hindus incluem, em seus rituais domésticos diários, uma oferenda (de preces, flores, alimentos, água) ao deus de sua devoção, outra aos mortos e outra "a todos os seres do mundo". Algumas religiões recomendam, para o final do dia, uma prática tão importante quanto esquecida hoje em dia: a oração de graças. Se quiser seguir essa prática, ao encerrar seu dia, faça um pequeno "exame de consciência", um balanço geral de tudo o que aconteceu, e agradeça a quem você quiser (ao deus da sua religião, aos seus guias pessoais, à natureza, à mãe-terra, a você mesmo) por tudo o que ocorreu de bom e mesmo pelas lições tiradas do que foi ruim, por sua saúde, pelos afetos, pelos bens, enfim, simplesmente por ter vivido mais um dia; o valor desse exercício está em descobrir o lado positivo de todos os acontecimentos, em passar a olhar a vida com olhos mais otimistas. Na hora de dormir, faça a oração que sua religião recomenda para essa hora, converse com seu

Anjo da Guarda, saúde a Lua e a Noite. Descubra onde está o Coração da sua vida: em casa? no trabalho? Descubra o local, o objeto, a atividade que simboliza esse Coração e crie um ritual diário para cuidar dele. Todos os povos antigos cultuaram o Fogão, o Fogo do Lar (a lareira) como o Coração da casa e o ponto central da vida das pessoas. Sobre o fogão ficava o símbolo do protetor da casa (quase nunca um grande deus; geralmente um gênio doméstico) e as oferendas feitas a ele – uma flor, uma porção de cereal, um bolinho, um gole de bebida. Entre os chineses, o protetor da casa era desenhado pelas crianças, para quem esse culto era uma brincadeira cotidiana. Seu culto deve ser sempre alegre e descontraído: o protetor do lar não gosta de brigas nem de sujeira. Dê a ele de presente uma casa limpa e harmoniosa e ele a protegerá sempre. Sinta sua casa e seu local de trabalho como um ser de que você deve cuidar; de vez em quando, dê-lhe um presente (um objeto novo, uma mudança na decoração, uma limpeza especial).

CAPÍTULO III
O CICLO DA LUA

A cultura ocidental moderna, que se formou basicamente a partir das tradições dos povos da orla do Mediterrâneo (Grécia, Ásia Menor, Egito, Roma), organiza sua divisão do tempo utilizando concomitantemente os ciclos do sol e da lua. Nem todos os povos, entretanto, fazem isso: alguns utilizam um calendário basicamente lunar e outros se baseiam mais no ciclo do sol. Neste segundo grupo se encontram os antigos Yorubá (povo da África ocidental trazido como escravo para o Brasil) que agrupavam os dias em ciclos de 4, cada um consagrado ao deus de um dos pontos cardeais, associados às posições do sol: a leste era o nascente, regido por Exu; a oeste, o poente, regido por Xangô; o sul correspondia ao sol do meio-dia, regido por Oxalá; e o norte era regido por Ogum e correspondia à meia-noite.

A maioria dos outros povos, entretanto, agrupa os dias em grupos de 7, chamados "semanas" (do italiano "settimana"). A semana é uma unidade do calendário lunar. A Lua completa uma volta em torno da Terra em aproximadamente 29 e meio dias; dentro desse período, ela fica sucessivamente em 4 posições diferentes em relação à Terra e ao Sol. Como a velocidade da Lua faz com que, ao longo de cada dia, ela acompanhe a rotação da Terra, ela vai estar, a cada dia, em relação a todos os pontos da Terra, na mesma posição em relação ao Sol. Por exemplo, no dia em que ela aparece no início da noite, isso ocorre em todos os pontos da Terra; quando ela aparece no fim da noite, isso também ocorre em todo o globo. É por esse motivo que as fases da Lua (as diferentes formas como ela aparece) podem ser usadas como calendário universal.

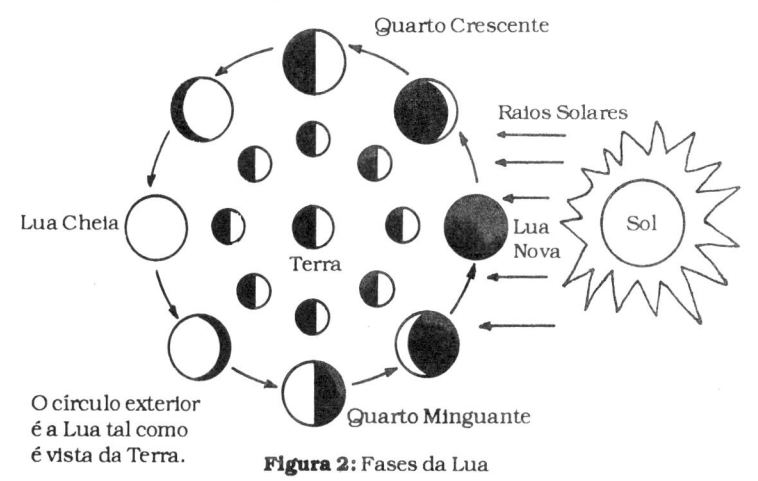

Figura 2: Fases da Lua

Quando a Lua está passando entre o Sol e a Terra, ela só aparece no céu durante o dia; como a luz do Sol é muito forte, a Lua é invisível nessa fase, que se chama Lua Negra. Assim que a Lua começa a se atrasar em relação ao Sol, ela aparece no início da noite, bem fininha e perto do poente: é a Lua Nova. Essa fase dura aproximadamente uma semana. Quando a Lua forma um ângulo reto com o Sol e a Terra, ela já passa boa parte da noite visível e a parte iluminada vai aumentando. A partir do dia em que aparece exatamente metade do seu círculo, ela entra na fase do Quarto Crescente, que também dura uma semana. Chega enfim o dia em que a Lua se mostra, logo após o pôr-do-Sol, a Leste, em sua circunferência completa: é a Lua Cheia, quando a Lua está oposta ao Sol, do outro lado da Terra; essa fase também dura uma semana. A partir de agora, a Lua começa a nascer cada vez mais cedo, de modo que fica visível cada vez menos tempo; e sua circunferência começa a diminuir. Quando resta somente metade do círculo no céu, a Lua entra em Quarto Minguante; logo ela está surgindo no céu já na hora de amanhecer e, em pouco tempo, começam os 3 ou 4 dias da Lua Negra, que é a fase final do Quarto Minguante, que no total também dura uma semana.

A Lua influencia os organismos que vivem na Terra através de dois mecanismos: as diferenças de luminosidade que caracterizam suas fases e a atração que sua força gravitacional exerce sobre os líquidos e gases da superfície do planeta. Um ritmo orgânico humano que é flagrantemente relacionado com a Lua é o ciclo menstrual das mulheres. Não é por acaso que, para a maioria das mulheres, o ciclo menstrual dura aproximadamente 28 dias. Nas sociedades mais antigas, quando não havia recursos para iluminar fortemente as casas durante a noite, a influência da Lua era ainda mais marcante: as noites de Lua Cheia pareciam um dia claro, em contraste com as noites escuras em torno da Lua Negra. Pesquisas realizadas com muitas espécies animais e vegetais comprovaram que a primeira Lua Cheia ocorrida após a formação de um embrião regula seu relógio biológico; a partir daí, mesmo mudando de ambiente, esse organismo seguirá as fases da Lua em muitos aspectos de seu funcionamento. O ciclo menstrual feminino é um deles. Embora atualmente a presença permanente da iluminação artificial mascare as diferenças do céu noturno ao longo do mês, foi observado que grupos de mulheres confinadas por períodos mais ou menos longos em lugares sem iluminação artificial potente tenderam a menstruar em datas próximas, pois todas elas voltaram a ser reguladas pelas fases da Lua e seus organismos ficaram sincronizados.

Já houve pesquisas sugerindo que cada mulher tende a ovular numa determinada fase da Lua, que corresponde à fase em que ela estava no dia do seu nascimento; provavelmente o ovário é regulado a partir dessa data (ou a partir de outra data anterior que determina o próprio momento do parto), completando ciclos de amadurecimento de óvulos a cada 28 dias. Quando esse momento coincide com o meio do ciclo menstrual (que é o período fértil), a mulher tem grande probabilidade de engravidar. A duração da gravidez também é regida pela Lua: salvo problemas da mãe ou do feto, o tempo normal de gravidez é de 9 e meio meses lunares, ou seja, 9 e meio ciclos de 28 dias, num total de 38 semanas ou 266 dias. As próprias fases em que se divide a gravidez são contadas pelo ciclo lunar: a fase de implantação do ovo dura duas semanas; a fase em que o embrião forma seus órgãos vai até a oitava semana; e depois, durante sete meses lunares, o feto amadurece. No período final da gravidez, os relógios biológicos do feto são ativados pelo organismo da mãe. Ao completar 38 semanas, a hipófise do bebê se torna muito ativa e seus hormônios, passando para o sangue da mãe através da placenta, desencadeiam o trabalho de parto. Esse processo tem durações variáveis, de acordo com as condições da mãe e do feto; mas foi observado, em várias regiões do mundo, que o nascimento dos bebês é mais freqüente na hora da subida da maré, que é o momento em que a Lua atinge o ponto mais alto do céu em relação a um determinado ponto da Terra, ficando em linha reta sobre ele.

Essa observação nos leva à outra forma pela qual a Lua influencia nossa vida, além de sua luz: a força gravitacional que produz as marés. A importância dessa influência foi detectada acidentalmente por diversos pesquisadores que, estudando os ritmos biológicos de várias espécies animais e vegetais, descobriram que esses organismos funcionavam de acordo com o relógio da Lua mesmo quando eram fechados em laboratórios totalmente isolados de variações naturais da luz ambiente e até de possíveis alterações eletromagnéticas. As pesquisas levaram à descoberta de que todos os líquidos corporais de todos os seres vivos apresentam marés (ou seja, expandem-se e retraem-se, mudam de posição) exatamente da mesma forma e segundo os mesmos horários das marés das grandes massas de água (oceanos e mares).

O princípio de ocorrência das marés é o seguinte: assim como ocorre com todos os corpos celestes, a Lua e a Terra se atraem mutuamente através da força da gravidade e se mantêm afastadas pela força centrífuga gerada por seus movimentos de rotação. A atração que a gravidade da Lua exerce sobre a Terra se faz sentir muito mais sobre os líquidos que sobre os sólidos, porque os primeiros se movem mais facilmente. No ponto da superfície da Terra sobre o qual a Lua está localizada a cada momento, a água atraída se acumula e aumenta de volume: essa é a maré. O local da maré vai se deslocando ao longo do dia, seguindo o percurso da Lua; sempre que ela retorna a um mesmo ponto, a maré se repete aí, mas sempre um pouco atrasada em relação ao dia anterior, pois o dia lunar é um pouco maior do que o solar.

A força de atração do Sol se combina à da Lua, ao longo de suas fases, produzindo diferenças na intensidade das marés. Esse fenômeno é da maior importância e influencia a vida humana de várias formas.

Quando o Sol e a Lua estão mais ou menos em linha reta (o que ocorre na Lua Nova e na Lua Cheia), suas forças de atração se somam e produzem as chamadas "marés vivas" ou "marés de sizígia". As marés vivas mais intensas acontecem nas proximidades dos Equinócios de Primavera e de Outono (respectivamente 21 de setembro e 21 de março no hemisfério sul), quando o Sol e a Lua estão em linha reta em relação à superfície da Terra. Quando o Sol e a Lua formam um ângulo reto tendo a Terra como ápice (o que ocorre nos Quartos Crescente e Minguante), suas forças de atração se opõem entre si e as marés, bem mais fracas, se chamam "marés mortas".

Nas praias oceânicas as marés podem chegar a vários metros de altura; em lagos rasos, atinge apenas uns poucos centímetros. Mesmo a variação mínima dentro de um copo d'água ou de uma célula do corpo pode ser detectada por aparelhos suficientemente sensíveis.

Existe uma tradição, pouco explicada e muitas vezes considerada crendice, de que existe uma época certa para

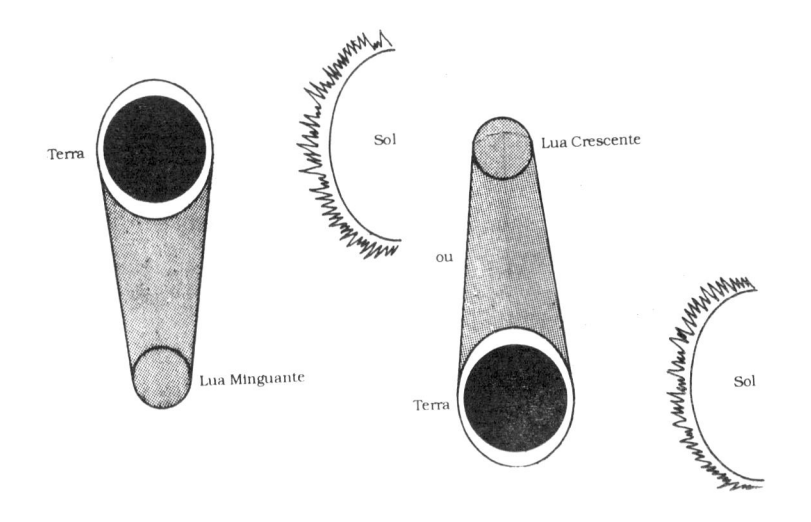

A - Quando a Lua está em quarto crescente ou minguante, sua atração e a do Sol tendem a se anular e as marés são fracas.

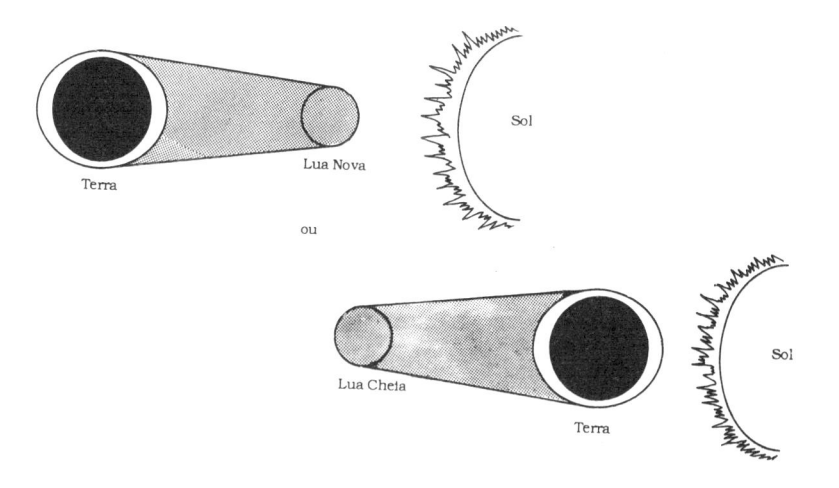

B - Quando a Lua está cheia ou nova, sua atração e a do Sol se somam e as marés são fortes.

Figura 3: As Marés

cortar os cabelos, de acordo com as fases da Lua. Muitas pessoas fazem associações simbólicas do tipo: corte na Lua Cheia para o cabelo ficar mais cheio, no Quarto Crescente para o cabelo crescer mais depressa. Essas associações não se relacionam com a verdadeira ação da Lua sobre os cabelos. O que acontece na realidade é que, na época em que ocorrem na natureza as marés vivas, os fluidos corporais também se espalham mais; os fios de cabelo ficam mais cheios de líquido, o que traz junto de si minerais e outras substâncias vitais. Quando o cabelo é cortado nesses momentos (Lua Nova e Cheia), ocorrem dois efeitos indesejáveis: o primeiro é a perda de nutrientes que seriam necessários para a raiz dos cabelos; o segundo é a maior facilidade do cabelo se deteriorar, por estar mais úmido. Já nas marés mortas (nos Quartos Crescente e Minguante), os líquidos refluem para seus volumes mínimos; os cabelos ficam menos embebidos e são menos prejudicados pelo corte.

Outro efeito importante das marés no organismo é a variação na intensidade das hemorragias. Acidentes e cirurgias ocorridos nas fases de maré viva produzem hemorragias mais difíceis de controlar do que as ocorridas nas fases de maré morta. Esse fato já foi observado por pesquisadores em várias partes do mundo; entretanto, essa informação não é usada pelos serviços médicos para planejar suas estratégias de ação. O ideal seria que cirurgias eletivas (que não são de emergência) não fossem marcadas para as proximidades das Luas Nova e Cheia, especialmente na época de início da primavera e do outono; quanto às cirurgias de emergência e aos acidentes, nas épocas de maré viva, os serviços de saúde deveriam se preparar melhor para enfrentar hemorragias mais intensas.

Em relação ao parto, provavelmente ocorre algum fenômeno semelhante. A pressão do líquido amniótico, provocando a ruptura da bolsa que torna o parto iminente, pode ser da mesma natureza das marés. O próprio aumento de atividade do bebê pode ter algo a ver com aquilo que conhecemos como o "sangue fervendo" da Lua Cheia e da primavera.

Por todos esses motivos, a Lua sempre foi considerada um dos mais importantes corpos celestiais. Em todas as culturas do mundo, está associada à vida das mulheres. Alguns povos a consideram uma deusa, uma mãe celeste, cujo corpo reproduz os ciclos do organismo feminino; outros a consideram um deus da fertilidade, o esposo de todas as mulheres e o verdadeiro pai de seus filhos, pois é ele que, a cada mês, coloca dentro do seu ventre a semente viva do novo ser.

A Lua também foi, na Antigüidade, o elemento essencial para marcar a passagem de intervalos de tempo maiores que o dia. Em geral, os povos antigos usaram o surgimento da Lua Nova para marcar o início dos meses, combinando o ciclo das estações com a sucessão dos meses lunares para determinar a duração do ano. O aspecto da Lua, sua cor e visibilidade foram instrumentos importantes (usados até hoje por populações rurais) para prever variações climáticas (chuvas, ventos, etc.).

Existe ainda um efeito da Lua muito valorizado antigamente, que hoje é totalmente desprezado e mesmo ridicularizado, mas que, à luz das descobertas recentes, pode vir a ser reavaliado: é sua ação sobre os doentes mentais. A loucura, a psicose, sempre foi considerada uma doença causada pela Lua; até não muito tempo atrás, os doentes mentais eram chamados, mesmo pelos médicos, de "lunáticos". Essa associação, em parte, se deve ao fato de que, no simbolismo dos planetas, a Lua é considerada o astro da imaginação, das ilusões e do inconsciente, de tudo o que é fantástico e irreal; portanto, deveria ser por sua influência que algumas pessoas seriam levadas por delírios e alucinações. Entretanto, pode haver uma explicação mais sutil e profunda para essa ligação. Sempre foi observado que, em determinadas fases da Lua, particularmente na Lua Cheia e na Nova (não é por acaso que a Lua Negra é cercada de presságios sinistros), pessoas e animais apresentam distúrbios de comportamento, ficam mais agitadas e nervosas. Os cães uivam para a Lua, os gatos sobem nos telhados e se põem a miar, os loucos deliram mais que habitualmente.

Uma hipótese a ser pesquisada é que a força das marés vivas intracorporais desses períodos desequilibra ligeiramente o funcionamento das células e a circulação de hormônios; pessoas mais sensíveis a esses desarranjos apresentariam distúrios de comportamento flagrantes.

Penso que hoje em dia ignoramos essa influência cíclica da Lua porque, na nossa vida cercada de luzes e paredes, cortamos de nossas consciências a percepção de mudanças sutis em nossos corpos, ao mesmo tempo em que nem nos lembramos de que existe a Lua no céu. Relatos a respeito de culturas antigas oferecem indícios de que nelas as pessoas estavam mais despertas para esses fenômenos e eram capazes de perceber nos próprios organismos as alterações cíclicas ligadas às fases lunares. Conseqüentemente, imagino que não existe nada, em nossa estrutura orgânica ou psíquica, que nos impeça de recuperar essa sensibilidade, a não ser nossa própria falta de vontade de fazê-lo.

Falei, até agora, das marés mais conhecidas, que ocorrem nas massas líquidas da Terra. Mas a influência da Lua também se faz sentir, embora de modo mais sutil, sobre os outros elementos do planeta. A massa de ar que forma a atmosfera do planeta, por exemplo, sofre duplamente a ação da Lua, ao ser deslocada pela força da gravidade do astro e pelo calor conduzido pelas correntes marinhas. Essa segunda ação é muito importante e explica alguns fenômenos aparentemente inesperados. As águas dos mares nunca estão paradas; elas se deslocam permanentemente em volta dos continentes, impulsionadas pelo próprio movimento de rotação da Terra. Nesse movimento, as águas frias dos pólos se dirigem para o equador e as águas quentes equatoriais vão para regiões mais frias. Como o ar troca calor muito rapidamente com a água, a passagem das correntes frias e quentes altera a temperatura das camadas de ar mais próximas da superfície do planeta, provocando ventos e mudanças climáticas. No Oceano Atlântico, o principal sistema é formado pela corrente equatorial que vem da costa da África e pela corrente polar que vem do Pólo

Sul; as duas se encontram na costa do Brasil, na altura do Nordeste, onde a massa de água quente se dirige para o Norte, onde vai formar a Corrente do Golfo do México, que contorna essa região do continente americano e depois corta o Oceano Atlântico em direção à costa européia. Quando as marés são mais fortes no hemisfério Sul, essa corrente é impulsionada com mais força; as diferentes velocidades fazem com que ela atinja a Europa mais ao Norte ou mais ao Sul, provocando respectivamente períodos de maior ou menor calor (o que se reflete, por exemplo, na intensidade dos degelos e das chuvas em certos anos e no frio exagerado em outros). O mesmo fenômeno ocorre com "El Niño", a corrente quente do Oceano Pacífico, que atinge com maior ou menor intensidade a costa ocidental da América do Sul. Quando está mais forte, El Niño bloqueia a passagem de frentes frias vindas do Pólo Sul e provoca longos períodos de seca que afetam todo o Brasil; quando está mais fraco, as frentes frias podem passar e ocorrem os períodos de grandes chuvas e inundações.

As marés diárias da atmosfera, embora não tenham sido muito estudadas em sua relação com os organismos vivos, possivelmente os influenciam através da modificação cíclica da pressão atmosférica produzida pelo peso de 500 quilômetros de ar sobre eles. Além do mais, a variabilidade das marés, condicionada pelo ciclo da Lua, pode alterar a qualidade de fenômenos meteorológicos que influenciam de outras formas a vida dos habitantes do planeta. Os movimentos das massas de ar que percorrem a Terra, criados pelos diferentes graus de aquecimento do ar nas regiões tropicais e frias, se traduzem nas frentes quentes e frias geradoras de ventos e chuvas. Em linhas gerais, o mecanismo de produção desses fenômenos meteorológicos depende do aquecimento do ar e da sua subida (pois é mais leve que o ar frio) para as camadas superiores da atmosfera; esse movimento produz o vento e, quando o ar quente e úmido chega ao alto e esfria, produz a chuva. Subidas repentinas de grandes massas de ar úmido provocam temporais e furacões, que têm sua época própria nas regiões tropicais, mais sujeitas a variações climáticas extremas. É fácil prever, portanto, qual será o efeito da Lua sobre esse processo. Quando ocorrem marés de sizígia, a força gravitacional da Lua atrai o ar com maior intensidade, provocando correntes, ascensões e redemoinhos muito mais fortes que os habituais; isso resulta, nas épocas de temporais e furacões, em fenômenos mais violentos que em outros momentos. A observação da coincidência entre a aproximação de um desses distúrbios atmosféricos e um momento de maré viva pode servir para que sejam tomadas a tempo as medidas necessárias para prevenir danos maiores a seres vivos e a bens materiais.

O mesmo raciocínio pode ser aplicado à previsão da intensidade de terremotos, maremotos e erupções vulcânicas, embora esses fenômenos não sejam previsíveis como os meteorológicos. Esses três fenômenos se originam do mecanismo de deslizamento das placas tectônicas (as placas sólidas que formam a crosta terrestre e deslocam-se lentamente ao longo de correntes de convecção entre a superfície e o fundo do material incandescente e liquefeito do interior da Terra). As fases da Lua produtoras de marés vivas aceleram ligeiramente esse movimento, o que pode intensificar a atividade de vulcões e produzir terremotos ou maremotos particularmente intensos nas áreas de risco.

Em suma, uma prática tão simples como acompanhar as fases da Lua pode ser de grande utilidade, tanto em relação a questões estritamente pessoais, como a assuntos que afetam a vida de grandes coletividades.

CURIOSIDADES

ECLIPSES: O eclipse da Lua ocorre na Lua Cheia, nas vezes em que ela e o Sol estão bem em linha reta sobre o equador da Terra; o eclipse do Sol acontece também quando os astros estão em linha reta, mas na Lua Nova, quando a Lua fica entre a Terra e o Sol. Sua influência física é semelhante à das marés vivas. Por algum motivo, os eclipses do Sol exercem um efeito muito perturbador sobre todos os seres vivos: muitos animais chegam a apresentar distúrbios de comportamento flagrantes. Embora não causem prejuízos palpáveis, na Antigüidade os eclipses eram percebidos como algo muito ameaçador. Como envolvem o desaparecimento inesperado da Lua e do Sol, apareciam à imaginação popular como a ação de algum ser maligno que tentava engolir ou matar os deuses que iluminam a Terra. Enfrentar esses seres e garantir a sobrevivência dos deuses era tarefa da população e, pelo que podemos imaginar, um importante instrumento para manter sua coesão em torno de suas crenças, sua estrutura social e sua identidade cultural.

CALENDÁRIO JUDAICO: O calendário religioso judaico se baseia principalmente no ciclo da Lua. Seus meses se iniciam sempre na Lua Nova e duram aproximadamente 29 dias. Como existe uma diferença de 11 dias entre a duração do ano solar e a do lunar, periodicamente é intercalado um ano "ibur", com 13 meses em vez de 12; com 7 anos ibur para 19 anos comuns, os dois ciclos se ajustam. O ano novo religioso (Rosh Ha-Shaná) ocorre na Lua Nova mais próxima do Equinócio de outono (no hemisfério Norte); o ano novo civil começa na Lua Nova mais próxima do Equinócio de primavera.

FESTAS MÓVEIS: O calendário cristão moderno conservou vestígios do calendário lunar judaico em algumas festas móveis. O ponto de referência é a Páscoa, uma sobrevivência da antiga festa judaica de Pessach, na primeira Lua Cheia do ano, quando era comemorada a colheita do primeiro feixe de cevada de depois a fuga do Egito. Para os cristãos, esse dia de festa se tornou o dia da comemoração da ressurreição do Messias; sua data é móvel, pois cai sempre no primeiro domingo após a primeira Lua Cheia depois do Equinócio de primavera. Como a ressurreição foi precedida por um período de sofrimento e martírio para o Messias, a Páscoa é precedida por 50 dias de penitência; o primeiro dia desse período é chamado de "Cinzas" (por causa do hábito antigo de se sujar com cinzas em sinal de luto) e cai sempre numa 4ª feira. O Carnaval surgiu como a despedida da vida comum ao começar esse período; originalmente ocorria apenas na "3ª feira gorda" e aos poucos foi se expandindo até ocupar 3 ou 4 dias. A partir da Páscoa ocorrem: a Ascensão de Cristo ao Céu, 40 dias depois; o Pentecostes, 10 dias após a Ascensão (entre os judeus é Shavuót, o dia em que Moisés recebeu as Tábuas dos Dez Mandamentos; entre os cristãos, o dia em que o Espírito Santo desceu sobre os Apóstolos); a Santíssima Trindade, no domingo após o Pentecostes; e o dia do Corpo de Deus (a hóstia, o pão da comunhão) na 5ª feira após a festa da Santíssima Trindade.

A SEMANA JUDAICA: Para a tradição judaica, a semana é um ciclo que gira em torno de um dia muito especial, o Sábado (Shabát), o dia do descanso semanal. A importância do sábado para os judeus vem do fato de que, segundo o Gênese, foi neste dia que Deus descansou após criar o mundo durante os 6 dias anteriores. Essa parada não se deveu ao cansaço, mas foi uma mensagem de Deus para os humanos, dizendo que o trabalho só tem sentido quando é seguido pelo repouso que permite aproveitar seus frutos. O sábado expressa o ritmo da criação divina e guarda o segredo da santificação de toda a vida; é a marca visível da aliança de Deus com os humanos, pois nesse dia a pessoa se permite abandonar as obrigações e se dedicar exclusivamente ao próprio crescimento espiritual. Para marcar bem a importância do sábado, o calendário judaico não dá nomes especiais aos outros dias da semana, que são designados apenas como primeiro, segundo, terceiro, quarto, quinto e sexto dias.

A SEMANA LUSO-BRASILEIRA: A forte influência da cultura judaica em Portugal fez com que esse país, mesmo sob absoluto domínio cristão, adotasse a nomenclatura judaica para os dias, com uma pequena adaptação: como, a partir da Idade Média, as feiras das aldeias se tornaram os eventos mais importantes para a população européia, os dias da semana, em Portugal, passaram a ser designados como o dia da primeira feira da semana, da segunda feira e assim por diante. Apenas dois nomes ficaram com nomes especiais: o Sábado, que conservou o nome da tradição judaica, e o Domingo, que ganhou o nome com que é conhecido nos países de língua latina e que vem do termo "Dominicu" (de Deus).

A SEMANA EUROPÉIA: Na maioria dos países da Europa, os nomes dos dias da semana derivam dos nomes de deuses greco-latinos ou nórdicos associados aos 7 luminares tradicionais (Sol, Lua e os cinco planetas visíveis a olho nu). O domingo, entre os povos latinos, é o "Dia de Deus": Dimanche (França), Domingo (Espanha), Domenica (Itália); entre os saxões, é o "Dia do Sol": Sunday (Inglaterra), Sonntag (Alemanha). A segunda-feira é, para todos, o "Dia da Lua": Lundi (França), Lunes (Espanha), Lunedi (Itália), Monday (Inglaterra), Montag (Alemanha). A terça-feira é, para quase todos, o "Dia do Deus da Guerra" (Marte ou Tiw): Mardi (França), Martes (Espanha), Martedi (Itália), Tuesday (Inglaterra); na Alemanha é Dienstag (dia de trabalho). A quarta-feira é, para quase todos, o "Dia do Deus da Sabedoria" (Mercúrio ou Wotan): Mercredi (França), Miércoles (Espanha), Mercoledi (Itália), Wednesday (Inglaterra); na Alemanha é Mittwoch (meio da semana). A quinta-feira é, para quase todos, o "Dia do Deus do Trovão" (Júpiter ou Thor): Jeudi (França), Jueves (Espanha), Giovedi (Itália), Thursday (Inglaterra); na Alemanha é Donnerstag (Dia do Trovão). A sexta-feira é, para todos, o "Dia da Deusa da Natureza" (Vênus ou Freya): Vendredi (França), Viernes (Espanha), Venerdi (Itália), Friday (Inglaterra), Freitag (Alemanha). O sábado, para os povos latinos, conservou o nome originário da tradição judaica: Samedi (França), Sabado (Espanha); Sabato (Itália); na Inglaterra é Saturday (Dia de Saturno) e na Alemanha é Sonnabend (dia do pôr-do-sol).

A SEMANA MÁGICA: O calendário mágico atribui a cada dia da semana a influência de um dos luminares:

Domingo – Sol; Segunda-feira – Lua; Terça-feira – Marte; Quarta-feira – Mercúrio; Quinta-feira – Júpiter; Sexta-feira – Vênus; Sábado – Saturno. Além disso, cada hora do dia é regida por um planeta. Para saber que planeta rege uma determinada hora de um determinado dia, verifique qual é o regente geral do dia: esse é o regente da primeira hora. Por exemplo, se o dia é uma quarta-feira, a primeira hora é regida por Mercúrio. O regente da segunda hora será o planeta que, na seqüência dos dias da semana, vem logo a seguir a este; o da teceira é o seguinte e assim por diante; chegando ao fim da lista de planetas volte ao seu início e repita-a quantas vezes precisar até chegar à hora cujo regente quer descobrir. Essa informação é usada para indicar quais os assuntos a que cada hora é mais apropriada. O Sol trata de tudo o que se refere ao crescimento, à realização de ambições, à conquista de poder e prestígio; a Lua trata das rotinas e das mudanças, das criações e da imaginação; Mercúrio lida com a inteligência, o estudo, a comunicação, o ensino, a esperteza, os negócios; Vênus trata do mundo afetivo, das artes, da beleza, do prazer e da sexualidade; Marte é o dono da coragem e da agressividade, lida com autoridades, com lutas, o fogo, ferimentos, cirurgias, máquinas, acidentes e aventuras; Júpiter lida com a expansão e a confiança, o sucesso e o prestígio, a sorte e principalmente a riqueza; Saturno trata da prudência e das repressões, da proteção e da prisão (inclusive da gravidez), do destino, da velhice e da terra (os bens imóveis, a segurança).

A SEMANA DO CANDOMBLÉ: No Brasil, a semana Yorubá se adaptou à semana de 7 dias de origem européia. Embora existam diferenças entre as várias regiões do país, é comum encontrar as seguintes regências para os dias:
– Segunda-feira – EXU e OBALUAIÊ (os donos do destino, a quem se pede que abram os caminhos da semana).
– Terça-feira – NANÃ, EWÁ, OXUMARÊ, IROCO (o grupo de deuses mais antigos, vindos do Daomé, pertencentes à família dos deuses da terra).
– Quarta-feira – IANSÃ, XANGÔ, OBÁ (deuses do fogo).

- Quinta-feira – OGUM, OXÓSSI, OSSAIN, LOGUN-EDÉ (deuses ligados aos seres vivos e às atividades humanas).
- Sexta-feira – OXALÁ (deus do ar, do céu).
- Sábado – IEMANJÁ, OXUM (deusas da água).
- Domingo – todos os orixás e IBEJI (crianças).

MAGIA LUNAR: A magia dá grande importância ao significado simbólico das fases da Lua. A não ser em casos de emergência, os magos costumam escolher as fases apropriadas ao assunto que querem trabalhar, para que seu estado interior esteja sintonizado com a natureza em geral. A Lua Nova é o período em que o astro renasceu, seu ciclo recomeça, sua luz volta a clarear a noite; é uma fase apropriada para planejar e organizar seu cotidiano, principalmente na área intelectual, e para tomar decisões relacionadas a compromissos sociais, afetivos e humanitários. No Quarto Crescente, a expansão da Lua se acelera, sua luz é cada vez mais forte, sua força cada vez maior; é o tempo de começar coisas novas, esclarecer situações confusas, tentar se aprimorar, entrar em novo ciclo de vida, abandonando o que é obsoleto. Na Lua Cheia as noites são claras, mas a força do astro começa a baixar lentamente; é tempo para tomar consciência de obstáculos, expressar idéias novas, fazer contatos e deixar que ocorram mudanças. No Quarto Minguante, a Lua enfraquece rapidamente até desaparecer na Lua Negra (que costuma ser um momento de "resguardo" na magia); é tempo de terminar o que está inacabado e se desfazer de tudo (interno e externo) que está atravancando sua vida.

ALMANAQUES: Os antigos almanaques, muito populares nas regiões rurais, sempre publicaram informações minuciosas a respeito da influência das fases da Lua sobre a agricultura, a pesca e a criação de animais. Essas informações se baseiam no conhecimento empírico sobre indicadores de variações climáticas acumulados por muitas gerações de camponeses em todas as regiões do mundo. Hoje em dia, principalmente nas grandes cidades, esse conhecimento está praticamente perdido: raríssimas são as pessoas que observam o halo da Lua ou sua cor para prever chuvas ou ventos, ou que acompanham as diferenças climáticas conforme as fases lunares.

PERCEPÇÃO

A LUA NO CÉU: Você costuma saber qual é a fase em que está a Lua? Você sabe onde e quando a Lua surge no céu em cada uma de suas fases? Você sabe se as fases duram sempre exatamente o mesmo tempo, ou se existem variações ao longo do ano? Você já viu um eclipse?

A LUA E O TEMPO: Você já reparou em algum tipo de indicador de mudança do tempo ou que permita prever algum tipo de característica climática?

A LUA E VOCÊ: Como é que você se sente numa noite de Lua Cheia? E na Lua Nova? Alguma vez já reparou nisso? E nas luas que coincidem com os Equinócios? Você sabe se existe alguma relação entre sua atividade intelectual, sexual, etc. e a Lua? Em que fase é mais provável você ficar doente e cansado? Se você é mulher, sabe em que fase da Lua costuma ficar menstruada? Se já teve filhos, sabe em que fase eles foram gerados e nasceram? E você, nasceu em que fase?

APERFEIÇOAMENTO

SEGUIR A LUA: Arranje um calendário que traga os dias de mudança das fases da Lua. Procure prestar atenção sempre a este dado. Ao mesmo tempo, observe o clima e a si próprio. Perceba se ocorrem variações de humor, de disposição física, de mal-estares ou mesmo doenças; verifique em que fase da Lua esses fenômenos ocorrem. Faça o mesmo em relação ao tempo. No início, como nossa civilização idolatra o lápis e o papel, é provável que você sinta necessidade de anotar numa agenda ou num diário suas descobertas; com o tempo, entretanto, esse conhecimento pode se tornar tão incorporado a você, que poderá ser usado intuitivamente para prever acontecimentos e tentar preveni-los ou diminuir seus efeitos desagradáveis.

CONSAGRAÇÃO SEMANAL: Recupere para sua vida o rito semanal que dá valor e significado à sua rotina cotidiana. Escolha um dos dias que seja mais fácil para você manter como um dia especial, afastado das obrigações da semana. Geralmente, o melhor é seguir uma das duas tradições que herdamos e usar o Sábado ou o Domingo; o motivo disso é que, como nesses dias muitas pessoas também saem de suas rotinas, eles continuam a cumprir (embora precariamente) a antiga finalidade de comunhão de toda a coletividade em torno do momento sagrado. Mas se isso for impossível para você, escolha um outro dia que possa realmente ser especial. Nunca deixe para fazer nesse dia coisas rotineiras como fazer compras, lavar e passar roupa, cozinhar e arrumar a casa; prepare-se de véspera para esse dia. Ao acordar, faça algum tipo de meditação, reflexão de sua preferência, que traga bem fortemente à sua consciência o seu significado. Ao longo do dia, sozinho, com parentes ou amigos, dedique-se a atividades cuja única finalidade seja o crescimento pessoal e o prazer: passeie, lide com plantas e animais, leia aquele livro ou revista que estava esperando há tanto tempo por um momento livre; dedique-se a jogos ou esportes pelo simples prazer que eles proporcionam, sem se preocupar com o resultado; dedique-se a algum tipo de arte, mesmo que não seja muito bom nisso – música, desenho, pintura, bordado, dança, artesanato, poesia, etc. Se você é praticante de alguma religião que realiza cultos coletivos, participe deles nesse dia. Organize uma das refeições do dia - mesmo que seja um lanche de acampamento - como um banquete, uma festa de comunhão; não deixe que os problemas diários atinjam esse momento, não discuta, não converse sobre assuntos desagradáveis (guarde-os para ocasião mais adequada). À noite, realize algum tipo de ritual que marque o encerramento desse dia especial: use o de alguma religião que você siga ou conheça, ou crie seu próprio ritual. Para terminar, faça uma meditação ou oração agradecendo a quem você quiser (um deus, um guia, a natureza, você mesmo) pela semana que passou e pedindo apoio para viver a que vai começar no dia seguinte.

DIAS MÁGICOS: Trabalhe com o conjunto de símbolos dos dias da semana que mais lhe agrade: os deuses gregos, os Orixás, os planetas ou outro que você conheça. Procure conhecer bem os significados exteriores e interiores, físicos e psíquicos, de cada um dos símbolos. Comece cada dia com uma pequena meditação dedicada ao símbolo do dia, procurando sintonizar psiquicamente com ele. Tente harmonizar suas atividades do dia com as características do protetor do dia. Por exemplo, o dia de Marte (ou o de Xangô) é bom para enfrentar suas batalhas e começar coisas que exijam energia; o dia de Júpiter (ou de Ibeji) é bom para seu crescimento, sua riqueza e para tudo o que dependa de sorte e confiança; o dia de Vênus (ou o de Oxum) é bom para as coisas do amor, da arte e da beleza; o dia do Sol (ou o de Oxalá) é bom para a busca da satisfação de suas ambições e do brilho pessoal; o dia de Mercúrio (ou o de Exu) é bom para tudo o que é ligado à inteligência, esperteza, agilidade, comunicações e negócios; o dia da Lua (ou o de Nanã) favorece a organização de suas rotinas e mudanças, a limpeza de tudo o que está sobrando; o dia de Saturno (ou o de Oxóssi) é bom para lidar com as coisas da terra, do alimento, do tempo que é preciso esperar, de tudo que protege ou prende. Se quiser, faça, em algum momento do dia, um ritual (oração, oferenda, etc.) para aumentar seu contato com o simbolismo do dia. Você pode também fazer uma fantasia em que encontre o protetor do dia, converse com ele, pergunte o que quiser, peça auxílio e conselhos. Na sua meditação da hora de dormir, lembre-se novamente dele e agradeça a proteção que lhe deu durante o dia.

MAGIA DA LUA: Aproveite os dias de mudança das fases da Lua para energizar coisas especiais que você queira realizar. Na Lua Nova, trabalhe coisas que você quer começar, projetos que ainda estão latentes em sua cabeça: procure encontrar formas de concretizar essas idéias e colocá-las em prática, faça planos concretos e organize seus recursos para realizá-los. No Quarto Crescente, trabalhe coisas que devem crescer: é a fase ideal para dar um empurrãozinho em projetos que já estão em andamento, mas estão meio emperrados e andando devagar; procure identificar os problemas e os melhores modos de superá-los. Na Lua Cheia, trabalhe coisas que devem ser arrematadas: aquele assunto que ficou pendente, um trabalho que você não sabe bem como terminar ou perdeu a paciência para fazer, alguma coisa que só está dependendo de um retoque final. No Quarto Minguante, limpe sua vida de tudo o que deve ser jogado fora: desde o entulho do quarto de despejo até o lixo psíquico; aproveite para tomar aquela decisão que está sendo adiada a respeito de uma mudança ou afastamento: pense bem e encontre a melhor forma de fazê-lo. No dia escolhido, medite sobre o tema do ritual e faça um desenho bem nítido e colorido que expresse bem o que você quer. Planeje o ritual da maneira que preferir: use velas, incenso, música, etc. Se quiser, aproveite uma melodia bem fácil (como as das cantigas de roda) para "cantar" seu desejo. Dance, cante, medite durante o tempo que achar necessário. No final, queime o desenho ou guarde-o.

CAPÍTULO IV
A RODA DO ANO

A Terra leva 365 dias e 6 horas para dar uma volta completa em torno do Sol; esse é o período que chamamos de "ano solar". Ele é um pouco diferente dos anos lunar (medido pela Lua) e sideral (medido pela posição das estrelas), mas é o mais usado para medir a passagem do ano, por causa de sua ligação com fenômenos importantes que ocorrem na Terra. Ao longo do ano solar, a Terra alternadamente se afasta e se aproxima do Sol, oferece mais um ou outro lado à sua luz e calor; essa irregularidade produz mudanças climáticas nas diversas regiões do planeta, conforme a posição que cada uma assume, a cada momento, em relação ao Sol.

Imagine que o Sol é uma laranja que foi espetada com um palito bem vertical, no meio de uma bandeja; e que a Terra é uma uva que, também presa por um palito, desliza ao longo de um sulco em volta da laranja. Acontece que o palito que prende a uva não está bem em pé, mas forma um ângulo de 23º com a vertical e, por isso, a uva está sempre meio inclinada em relação à laranja. Como o palito está sempre inclinado para o mesmo lado da bandeja, não importa de que lado da laranja a uva esteja; ela, conforme o lugar em que se encontra, vai mostrar partes diferentes à laranja. A uva gira sobre si mesma, mas o palito fica sempre para o mesmo lado (não é como o pião, cujo eixo vai girando); por isso, seja dia ou noite, a posição da uva em relação à laranja é sempre a mesma.

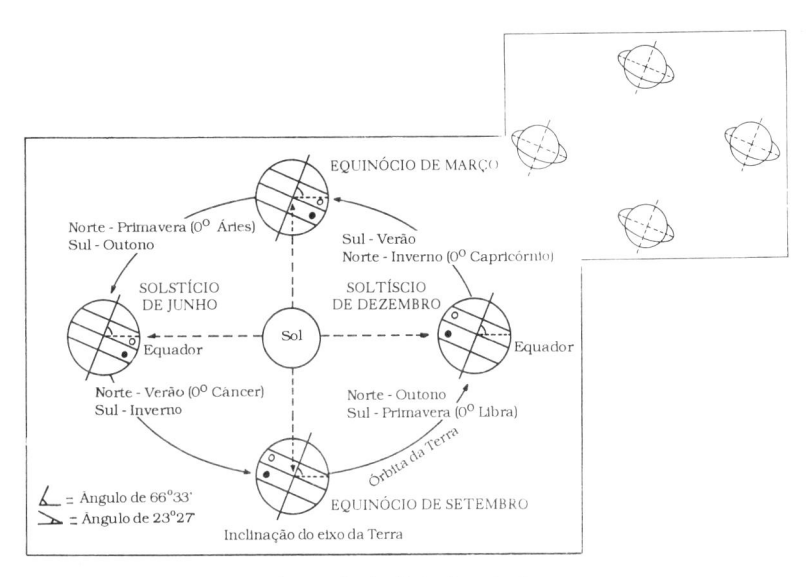

Figura 4 - As Estações do Ano

Imagine que a uva tem uma mancha branca no alto (no Hemistério Norte) e uma preta embaixo (no Hemisfério Sul); elas podem ser as cidades de Lisboa e Rio de Janeiro. O alto da uva é o Pólo Norte, a parte de baixo é o Pólo Sul; ela é dividida ao meio por uma linha perpendicular ao palito, que é o equador. Quando o palito está com a ponta de cima afastada da laranja, a mancha preta recebe os raios do Sol bem em cheio, enquanto a branca só os recebe meio de lado; por isso faz mais calor no Rio de Janeiro - é verão no Hemisfério Sul, enquanto é inverno em Lisboa, no Hemisfério Norte. Quando o palito está com a ponta de cima (o Pólo Norte) mais próximo da laranja, é o Hemisfério Norte que recebe a luz com mais força; é verão aí, enquanto é inverno no Hemisfério Sul. Existem dois dias no ano em que essas diferenças entre os Hemisférios são máximas: são os momentos em que o Pólo Norte atinge a distância máxima ou mínima em relação ao Sol; esses dias são chamados os Solstícios e marcam o início do verão e do inverno. Por volta do dia 21 de junho, o Pólo Norte está mais próximo do Sol: é o

Solstício de verão no Norte e de inverno no Sul. No dia 21 de dezembro, ocorre o inverso: é Solstício de inverno no Norte e de verão no Sul. Quando a uva se desloca em torno da laranja a partir do Solstício, chega um momento, exatamente a meio caminho entre um Solstício e outro, em que o palito, embora continue inclinado para o mesmo lado da bandeja, tem as duas pontas à mesma distância da laranja. Nesse momento, tanto o Hemisfério Norte quanto o Sul vão receber luz do Sol com a mesma intensidade, nem muito fraca como no inverno, nem tão forte como no verão. Os dois dias em que isso ocorre são chamados Equinócios. No dia 21 de março, no Hemisfério Norte, que acabou de sair do inverno, é o Equinócio da primavera; no Sul, que saiu do verão, é Equinócio de outono. No dia 21 de setembro ocorre o inverso: começa a primavera no Sul e o outono no Norte.

Essa divisão das estações do ano é mais marcada nas regiões temperadas. As áreas próximas ao equador (chamadas tropicais), que nunca se afastam muito da luz do Sol, apresentam menos variações. Em geral, são sempre mais quentes que as outras regiões e a principal variação climática observada ao longo do ano é uma alternância entre períodos secos e chuvosos. Nos pólos também não ocorrem as quatro estações, mas por outro motivo.

Imagine que, em vez de uma laranja, você tem no meio da bandeja uma lâmpada ou uma vela. Quando a uva está no Solstício de dezembro, a metade iluminada inclui uma área larga em torno da ponta inferior do palito, que está bem voltada para a luz; e a extremidade superior, inclinada para longe da luz, fica mergulhada na sombra. Essa situação se mantém até chegar o Equinócio de março. Nesse período, é dia permanente (verão) no Pólo Sul e noite permanente (inverno) no Pólo Norte. No Solstício de junho a situação se inverte: o Pólo Norte fica permanentemente iluminado e o Sul mergulha na escuridão, até que chegue o Equinócio de setembro.

Nas outras regiões, embora não ocorra essa variação extrema, também há diferenças no tempo em que a luz do Sol ilumina cada parte da Terra. Quando é verão, os dias são um pouco mais longos do que as noites; o dia do Solstício é o mais longo de todos e sua noite é a mais curta. A partir daí, os dias vão encurtando e as noites aumentando. No Equinócio de outono, o dia e a noite são exatamente iguais; e ao chegar o Solstício de inverno, ocorre o menor de todos os dias e a maior de todas as noites. A partir desse momento, os dias voltam a crescer e as noites a encurtar; o Equinócio de primavera é igual ao de outono e o ciclo se fecha com o retorno ao verão.

A observação das variações estacionais é vital para populações que dependem muito diretamente, para sua sobrevivência, da coleta de produtos naturais ou da agropecuária baseada em tecnologia pouco sofisticada porque as mudanças climáticas determinam os ciclos vitais de animais e de plantas, além da temperatura ambiente, quantidade e qualidade da água disponível, duração do período de claridade e ocorrência de ventos, chuvas, tempestades magnéticas, etc. De acordo com as características climáticas de cada região do planeta, as populações elegeram diferentes fenômenos para indicar a passagem do tempo. Na África Ocidental, por exemplo, a passagem do ano é contada pela passagem de quatro estações desiguais: uma chuvosa e longa, que vai de março a junho, e que é o tempo da monção (vento fresco do Sul); um estio rápido em agosto; outra fase chuvosa de setembro a novembro; e um estio longo de dezembro a fevereiro, quando ocorre o Harmattan (vento seco do Norte do Saara, que traz as epidemias). Como esses ciclos não duram sempre o mesmo número de dias, os anos não têm sempre a mesma duração, pois o que importa para esses povos é o ano da natureza, não a contagem abstrata dos dias.

Outros povos, entretanto, procuraram encontrar meios de medir a passagem do tempo com maior exatidão. Em várias regiões do mundo foram encontrados artefatos da Idade da Pedra destinados a marcar as datas dos Equinócios e Solstícios, das Luas Novas e Cheias e dos eclipses. No Brasil foram encontradas cavernas cujo interior é desenhado de tal forma que, em determinados dias, a luz do Sol ou da Lua nascente ilumina um ponto específico dos desenhos, o qual indica qual é o dia em questão. O mesmo princípio orienta os monumentos megalíticos europeus, dos quais o círculo de Stonehenge (na Inglaterra) é um dos mais famosos.

Stonehenge
A - Aurora do solstício de inverno
B - Lua Nova do inverno
C - Aurora do solstício de verão
D - Lua Cheia do verão
E - Ocaso do verão
F - Ocaso do inverno
G - Buracos de Aubrey - 4 pedras móveis marcam eclipses

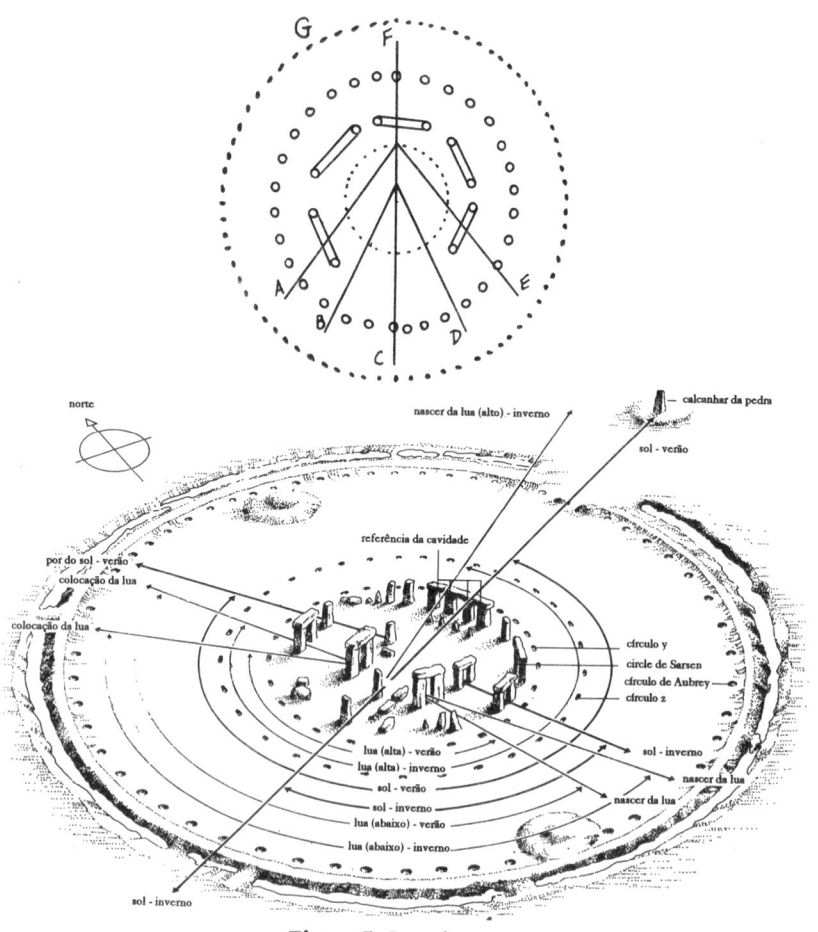

Figura 5: Stonehenge

As pedras que formam esse círculo estão dispostas de tal forma que, nos dias dos Solstícios, Equinócios e Luas Cheias e Novas, a luz do astro nascente passa por um ponto específico do círculo de pedras e vai iluminar um determinado ponto do grupo central. Através desse artifício, os sacerdotes não só sabiam determinar exatamente o dia em que se deveria comemorar a chegada da nova estação, como poderiam, observando o deslocamento da luz ao longo do círculo, saber antecipadamente que este dia estava se aproximando e quanto tempo faltava para ele.

No Egito antigo, ocorriam três estações: uma estiagem que ia de meados de fevereiro até junho; um período de grandes chuvas, de meados de junho até setembro, que provocava a enchente do rio Nilo e a inundação das terras; e a estação da emersão dos campos, de setembro a fevereiro, em que as águas abandonavam as terras fertilizadas pelo lodo do rio e as deixavam prontas para o plantio. Como era fundamental para os egípcios prever o início do período das chuvas, o dado mais importante das suas observações astronômicas era o aparecimento da estrela Sírius no céu noturno, que coincidia com o início dessa estação. Sírius (Sothis, seu nome egípcio) era tão importante para o Egito, que foi personificada na deusa Ísis, a Grande Mãe, esposa de Osíris, o Pai da Terra Negra.

Toda a região da Ásia Menor e do Peloponeso, onde viveram sumérios, fenícios, assírios, hebreus, árabes préislâmicos e gregos, e também na Índia, a seqüência das estações era parecida com a do Egito, com pequenas variações na duração de cada período. De modo geral, o Ano-Novo era comemorado entre o início da primavera e do verão do Hemisfério Norte que, dependendo da região, poderia corresponder ao início das chuvas ou das colheitas. Já nas regiões de clima temperado, como a Europa, o Ano-Novo era festejado sempre no início da primavera, pois nessas áreas é muito marcante o início do período fértil da terra, que corresponde ao início do ano agrícola. A tradição das festas estacionais celtas sobreviveu na tradição popular européia. Suas 8 principais festas são: início da primavera (renascimento da natureza), meio da primavera (fertilidade da terra), início do verão (amadurecimento dos frutos), meio do verão (início da colheita), início do outono (final da colheita), meio do outono (matança de gado para o inverno), início do inverno (renascimento do Sol) e meio do inverno (limpeza da terra antes do plantio). Essa mesma seqüência de festivais agrícolas é encontrada em todos os povos que vivem regiões cujas condições climáticas são semelhantes: tanto nas Américas (astecas, maias, incas) como na Ásia (chineses, japoneses). O que muda de um para outro é o simbolismo utilizado, que tem a ver com as plantas e os animais existentes na região e com a interpretação particular que esse povo faz dos fenômenos da natureza.

O ciclo estacional influencia a vida das pessoas de várias maneiras. A mais flagrante é a determinação dos ciclos de produção dos alimentos: os cereais brotam e crescem durante a primavera, produzem espigas que amadurecem durante o verão, começam a murchar e são colhidos (as sementes e a palha seca) no outono e desaparecem no inverno. As frutas e os tubérculos seguem mais ou menos o mesmo ciclo; mesmo as plantas perenes (que não morrem ao frutificar pela primeira vez) têm uma época certa para produzir as partes comestíveis pelos seres humanos. Como a obtenção de alimento é a atividade mais importante para todos os seres vivos, não é de admirar que a vida de pequenas povoações agrícolas girasse em torno de seu trabalho no campo. Uma condição essencial para que o trabalho desse bons resultados era a cooperação de toda a comunidade; as festas estacionais da Religião da Natureza tinham exatamente essa função de unir as pessoas num mesmo estado de espírito que favorecesse a realização do esforço comum. Ao chamar os deuses para abençoar os campos e torná-los férteis no início do ano agrícola, cada membro da comunidade se sentirá corresponsável pela continuidade da vida na Terra: era sua oração, seu espírito, que alimentava os deuses. As festas da colheita cumpriam um duplo papel: por um lado, ao comemorar o sucesso do ciclo de trabalho, as pessoas tornavam cada vez mais consciência da importância de sua participação material e mágica para a conservação do mundo; por outro, ao reunir toda a comunidade em torno da produção coletiva, reforçava o sentimento de solidariedade e igualdade no trabalho e na divisão do seu produto. Vários povos, como os incas e os judeus, aproveitavam esses momentos para recolher as doações de alimentos com as quais o templo iria manter os órfãos, as viúvas e os idosos.

Além dessa influência exterior, na oferta de alimentos, o ciclo estacional atua sobre a espécie humana diretamente em seus organismos. Nesse campo, a influência mais evidente se dá através da alteração de hábitos em função do clima. Em lugares quentes e nas estações quentes das regiões temperadas, as pessoas sentem menor necessidade de se agasalhar e de ficar em casa; seus corpos são mais expostos ao Sol, ao ar livre e aos banhos. Já nos lugares frios e no inverno das regiões temperadas, as pessoas precisam andar sempre agasalhadas e, de preferência, permanecem dentro de casas fechadas e aquecidas; principalmente onde não há tecnologia para aquecimento intenso do ambiente e da água, é raro o banho e a lavagem das roupas nessa época do ano. Esses dois padrões extremos produzem efeitos bem característicos na saúde das populações. Os povos de regiões tropicais, quando têm acesso a água limpa (em rios ou redes canalizadas), podem eliminar com facilidade o risco de micoses, frieiras e outros problemas que ocorrem na pele que não é limpa com freqüência e que fica abafada em roupas e calçados também não muito limpos; esse problema só vai aparecer nas populações sem acesso a condições razoáveis de saneamento e entre grupos que imitam modas das regiões frias, usando principalmente sapatos e tênis grossos e fechados sob um Sol de 40 graus. A exposição ao Sol espanta, mesmo entre as populações pobres das áreas tropicais, um fantasma presente entre grupos de bom poder aquisitivo nas regiões frias: o raquitismo, resultante da deficiência de cálcio para formar os ossos. Como o aproveitamento do cálcio depende da ativação da vitamina D da pele pela luz do Sol, o raquitismo (e a osteoporose em adultos) ocorre principalmente quando a criança vive confinada em casa, sem contato com a luz do Sol. No Brasil e em outros países tropicais, o raquitismo é uma doença relativamente rara, mesmo entre crianças com graus médios de desnutrição, pois é comum que as crianças brinquem fora de casa enquanto os adultos se ocupam com suas tarefas. O sol que recebem faz com que seu organismo aproveite as menores porções de cálcio que sejam ingeridas. Entretanto, esse quadro pode mudar com a alteração do modo de vida das populações urbanas, que vêm progressivamente se aglomerando cada vez mais em conjuntos residenciais sem espaço para o lazer infantil a céu aberto e que são forçadas a seguir um ritmo de trabalho que muitas vezes obriga as famílias a deixarem as crianças trancadas dentro de casa por longos períodos, na companhia da televisão.

Mas não são apenas as crianças pequenas que são influenciadas pelo clima. Todo o sistema endócrino é afetado pelas mudanças de temperatura e luminosidade ao longo do ano. Um professor observador pode perceber que, em determinados momentos do ano, todas as crianças ficam mais calmas ou mais agitadas. Da mesma forma, os adultos, se não estiverem muito bloqueados para a percepção do próprio corpo, sentirão as mudanças estacionais na própria pele. Não é apenas por uma convenção cultural que no inverno as pessoas ficam mais quietas e sérias, e no verão ficam alegres e agitadas; não é convenção nem superstição, e a maioria das pessoas já sentiu o "fogo da primavera" no sangue. Essas mudanças de comportamento e de humor têm fundamentos fisiológicos. Da mesma forma como, ao longo de um dia, o cérebro é ativado pela luz e desativado pela escuridão, as diferentes extensões do dia nas diferentes estações do ano afetam o funcionamento da pineal cujo hormônio, estimulado pela luz do Sol, é o responsável pela manutenção do estado de vigília do sistema nervoso. O efeito mais imediato seria a maior ou menor disposição para a atividade conforme se esteja no verão ou no inverno. Mas existem efeitos mais sutis: a ação da pineal sobre o cérebro afeta todos os ciclos hormonais. Vários hormônios estão mais elevados no sangue durante o outono e o inverno, particularmente os ligados ao armazenamento de nutrientes e promoção da fertilidade. Por outro lado, no outono e no inverno são mais freqüentes espermatozóides e óvulos sem vida ou com defeitos graves, o que torna mais difícil iniciar uma gravidez nesse período. Foram observadas também diferenças de risco para o embrião apresentar doenças congênitas e apresentar lesões causadas por drogas, a que ele está mais sensível no inverno e na primavera. Talvez esse fato se ligue ao diferente aporte de substâncias necessárias ao metabolismo fetal e à elevada taxa de hormônios que deprimem as reações imunitárias do embrião. A própria tendência para a ocorrência de cáries na vida adulta pode se relacionar com a época do ano em que se passe o período de formação das matrizes protéicas sobre as quais se formará um dente mais ou menos compacto e resistente.

No que se refere à vida extra-uterina, são consagradas pela experiência clínica as observações a respeito das diferenças estacionais na ocorrência de várias doenças. Todos os pediatras sabem que a época das viroses comuns da infância é a primavera e que as crises de asma, as gripes e alergias ocorrem mais no outono e no inverno. O raciocínio mais imediato que somos tentados a fazer para explicar esses ciclos leva em conta apenas fatores externos: quando chega a primavera, as crianças começam a sair mais de casa e a fazer mais contato com outras pessoas que podem transmitir os agentes das doenças. Embora correto, entretanto, esse raciocínio é parcial: pesquisas observaram variações nas quantidades de anticorpos no sangue entre as várias estações, o que sugere que, além do aumento da exposição ao agente da doença, pode haver um aumento concomitante da suscetibilidade de todas as pessoas a esse agente, o que ajuda a produzir os picos epidêmicos estacionais típicos das doenças infecciosas. Já a asma e as alergias se devem tanto ao aumento da umidade do ambiente quanto ao enfraquecimento do sistema imunológico durante o tempo frio.

A utilidade dessas informações é a seguinte: se você observa as reações de seu organismo e conhece os períodos em que é mais provável adoecer, pode procurar ajuda especializada para adotar as medidas preventivas adequadas na época mais correta. Esse procedimento, mesmo que não elimine totalmente o problema, costuma, com o tempo, reduzir bastante sua intensidade e aumentar a capacidade de recuperação do organismo.

Entretanto, a influência mais marcante das estações do ano, tanto para a espécie humana como para todos os seres vivos, ocorre na área da reprodução. Todas as espécies têm seu ciclo reprodutivo condicionado pelo ciclo estacional. Animais que vivem em regiões frias, de modo geral, têm seu período fértil no início da primavera e períodos gestacionais de poucos meses, de modo que os filhotes nascem ainda na primavera ou no início do verão. A vantagem desse ritmo orgânico, que certamente se estabeleceu por seleção natural, é evidente: do final da primavera até meados do outono, o clima é ameno e a alimentação farta; os filhotes criados nessa época têm maior chance de sobreviver que os criados no inverno.

O mesmo tipo de influência afeta a espécie humana. Foi observado que bebês nascidos no inverno e que passam a fase de mudança alimentar nos meses de fartura da primavera e do verão se tornam mais resistentes que os que passam esse período crítico nos meses frios do ano. Entretanto, nas regiões muito quentes, esse padrão pode se inverter, pois aí o verão significa maior risco de desidratação e diarréia, as grandes causas de morte de bebês nos países pobres.

A seleção natural, fazendo com que sobrevivessem para se reproduzir apenas os animais e plantas nascidos no início do período de melhor clima para os filhotes, foi aos poucos sintonizando o período fértil de muitas espécies para o início da primavera. É por isso que hoje, principalmente nas regiões frias, mas também mais discretamente nas áreas tropicais, a chegada da primavera é acompanhada pela explosão de uma verdadeira orgia em toda a Terra: as plantas secas se cobrem de folhas novas e flores, cujo aroma e pólen enchem o ar; as aves formam pares e preparam seus ninhos; os animais aproveitam a chegada do Sol para pular e correr, em seus jogos de guerra e de amor. Os seres humanos também sentem no sangue os efeitos da primavera. Antigamente, talvez por pensar que a perturbação que sentiam fosse uma doença provocada pela intoxicação do organismo com a alimentação de inverno, as pessoas tomavam purgantes, para fazer a "limpeza da primavera". Imagino que, para pessoas dominadas pelo pensamento puritano da Europa medieval, era bastante perturbador sentir o corpo, fonte de todos os pecados, cobrar repentinamente seus direitos; e a fraqueza resultante dos efeitos do purgante devia ser bem-vinda, interpretada como o apaziguamento dos maus impulsos. Na segunda metade do século XX, com a maior liberalização dos costumes, as influências estacionais sobre a espécie humana se tornaram inesperadamente nítidas. Nos países onde, junto com o Sol, chegam as férias, a redução das roupas e o aumento das excursões, é fácil notar que, nove meses após as férias de verão, nascem mais bebês que em outras épocas do ano; entre os esquimós, ao contrário, essa "epidemia" ocorre após o rigoroso confinamento do inverno.

Com todas as dificuldades que o inverno pudesse lhes trazer, os povos antigos o enfrentavam com certa calma e otimismo, pois eram apoiados pela crença de que a roda do ano continuava a girar e logo chegaria novamente a primavera. Hoje em dia, entretanto, essa crença parece ter se perdido. O mundo racionalista eliminou a consciência da ligação do indivíduo com a natureza; eliminou a percepção de que as coisas sempre voltam; eliminou, assim, o otimismo, a esperança e a crença na possibilidade de agir de alguma forma (usando a união mágica com o mundo) para corrigir os problemas. Assim como a religião moderna diz que o fiel deve entregar todos os seus problemas nas mãos de seu deus, também na vida social ele entrega os problemas nas mãos de autoridades e governantes. O indivíduo comum, principalmente em países como o Brasil, em que grande parte da população foi escravizada ou espoliada de seus direitos por colonizadores, não se sente participante nem responsável: não se sente cidadão de seu país nem filho de sua terra. Embora formalmente as pessoas possam falar a respeito de direitos e deveres, lá no fundo de seus corações esses conceitos não estão enraizados. Essa alienação particular das populações muito espoliadas é agravada, hoje em dia, pela alienação crescente imposta ao cidadão comum pela sociedade tecnológica e de consumo, que privilegia o "ter" coisas, consumir por consumir, e o "não-fazer", ter quem faça por você, em substituição de Ser e Fazer (aproveitar a vida em si e ser atuante no mundo). O resultado disso é que as populações, em vez de usar a tecnologia da melhor forma possível para criar uma vida melhor, se fecham no mundo das coisas artificiais e abstratas (a iluminação e o ar condicionado, o carro e os eletrodomésticos, os shoppings e os computadores) sem colocar nenhum limite para o poder que esse mundo tem sobre elas. Sem contato com o mundo que existe além delas mesmas, as pessoas vivem a ilusão de que o mundo é feito para seu prazer individual e imediato; uma mudança climática que contrarie o gosto pessoal ou um projeto de momento é percebida como maldade intencional; a tendência é criar mais e mais tecnologia voltada para alterar essas condições naturais e, se possível, fingir que elas não existem. A outra face do imenso poder de manipulação das forças naturais dado à pessoa comum pelos eletrodomésticos e outros aparelhos é o enorme desamparo que o indivíduo sente sempre que precisa se defrontar com essas forças livres na natureza. As pessoas protestam contra elas, porque não sabem se aproximar delas; procuram enfrentá-las como os habitantes da Torre do Tarô (que se trancam numa construção bem fechada, mas exposta ao primeiro raio que possa derrubá-la) em vez de fazê-lo como a dama da Força, que trata bem do leão para tê-lo sempre a seu lado.

Penso que o principal desafio de nosso tempo é recriar as condições de união entre a espécie humana e a natureza. O grande problema é que não podemos nem devemos abrir mão de todas as conquistas técnicas da humanidade e voltar à vida frágil e desamparada de nossos antepassados; mas precisamos conciliar poder e sabedoria, ouvir mais o coração para aplicar as técnicas da melhor maneira possível, como mais um elo de ligação entre nosso espírito individual e o mundo. Reaprender a sintonizar seu corpo com os ciclos naturais pode parecer uma tarefa muito pequena e mesmo secundária diante dos problemas avassaladores enfrentados pela maioria da população, mas é uma pequena porta aberta por onde cada pessoa poderá adquirir forças para participar com mais vigor e consciência dessa luta coletiva.

CURIOSIDADES

O ZODÍACO: A faixa do céu percorrida pelos planetas e pelo Sol foi, desde a Antigüidade, dividida em 12 partes, cada uma das quais "habitada" por uma constelação. Cada povo deu uma interpretação diferente a essas constelações mas, em geral, elas são associadas às fases estacionais marcadas pelo fato de o Sol estar passando por cada uma delas ao longo do ano. O sistema usado no mundo ocidental se origina da Astrologia dos Sumérios, que foi adotada e desenvolvida pelos sábios europeus. Ao associar o macrocosmo com o microcosmo, a Astrologia usa os signos do Zodíaco como símbolos de tipos de personalidades humanas.

— ÁRIES — começa no Equinócio da primavera e marca a entrada do ano novo. É a explosão da natureza, a indisciplina e a impetuosidade.

— TOURO — é o tempo de arar e plantar. Simboliza a lentidão, a firmeza, a paciência e também a ligação com a terra e o conforto material.

— GÊMEOS — tempo de flores e frutos novos. Representa a capacidade de duplicação: ser fértil, comunicar-se, voar de assunto em assunto, ser dúbio.

— CÂNCER — os frutos que amadurecem falam da terra grávida. É o signo da emoção e da maternidade, de quem é o "útero" para os outros.

— LEÃO — é o Sol abrasador do meio do verão. Dá generosamente sua luz e calor para que haja vida, mas exige ser o centro do mundo.

— VIRGEM — tempo de organizar a colheita. Simboliza a preocupação com as necessidades dos outros (fornecer alimento) e com a organização justa.

— LIBRA — no início do outono, é tempo de pesar e medir a colheita. Representa a busca do equilíbrio e da harmonia na coletividade.

— ESCORPIÃO — tempo de fermentar bebidas e matar o gado. Simboliza a força da morte que transforma tudo o que "borbulha" vindo do inconsciente.

— SAGITÁRIO — conservas, bebidas, cereais, lenha e agasalhos estão prontos. É tempo de confiar na capacidade de ir mais adiante.

— CAPRICÓRNIO — no frio e escuridão, a natureza parece morta e guarda as sementes. Representa prudência e medo, responsabilidade e repressão.

— AQUÁRIO — o frio diminui e começa a chover. Simboliza a capacidade de limpar o mundo e trabalhar pelo progresso coletivo.

— PEIXES — a água derreteu tudo e começam a fervilhar os embriões. Simboliza a união com o todo, como cardume em movimento, levado pela emoção.

FESTIVAIS ESTACIONAIS: Em todas as partes do mundo, embora usando símbolos diferentes, esses festivais apresentam muitas semelhanças.

— EQUINÓCIO DE PRIMAVERA: Comemora o renascimento da natureza. Na Europa Celta, é a festa de Ostara (deusa da fertilidade), cuja volta é comemorada com ovos coloridos e coelhos (símbolo de fertilidade). Na Ásia Menor (fenícios, assírios, etc.) é o casamento da Mãe-Terra (deusa dos celeiros e animais) com o deus da Fertilidade (senhor dos vegetais e do gado); a deusa recebe os nomes de Ishtar, Inanna, Astarté, Cibele e Afrodite; o deus é chamado de Tammuz, Dumuzi, Attis ou Adônis. Em honra a ele, as mulheres plantavam sementes num vaso posto na água para germinar; eram os "jardins de Adônis". Na Grécia havia a celebração do casamento de Ariadne e Dionísio, de Afrodite e Adônis (semelhante às festas anteriores) e a representação do rapto de Perséfone (donzela da vegetação, filha da Mãe-Terra) por Hades (deus do mundo inferior, dos mortos). Roma celebrava Cibele e Attis, trazidos da Ásia Menor. Na Índia ocorre o Holi (festival de Kama, deus do desejo sexual) e o festival do Sol (Krishna), com carnaval e fogueiras onde é jogado o "lixo" do ano que acabou. Os incas festejavam a Mãe-Terra. Os astecas cultuavam Xipe Totec com o primeiro sacrifício humano do ano. Os Maias festejavam os Bacabs (que sustentam os 4 pontos cardeais e são companheiros de Kukulcán, Vênus, que anuncia a nova Estação). No Japão é feito o "ritual do campo de arroz", com a chamada do deus para morar na aldeia durante o ano. Os ugrofineses, ameríndios, esquimós, etc., comemoram o primeiro animal caçado ou pescado, que é tratado ritualmente. O Egito, em plena estiagem (colheita do trigo), comemora a morte de Osíris. Os povos bálticos e eslavos cultuam a Mãe-Terra (Zemes mate) e o Senhor da Terra (Zeme Patis), comemorando o primeiro sulco do arado e a primeira ida do gado para o pasto. Os chineses comemoram a vinda das chuvas e a queda dos grãos no solo; é a época do seu Ano-Novo lunar. Para os judeus é pessách, a primeira festa de peregrinação, que lembra a passagem do mar Vermelho e o tempo de doar os primeiros cereais ao templo. O Cristianismo adotou a mesma data para comemorar a Ressurreição de Cristo, só que, no Hemisfério Sul, essa data caiu no outono. No Brasil, pouco depois do Equinócio, é feita a festa das Crianças, no dia de Cosme e Damião, quando as crianças ganham doces e os terreiros afro-brasileiros fazem festas para Ibeji.

— MEIO DA PRIMAVERA: Festeja o crescimento das plantas e do Sol. Para os Celtas era Beltane, o casamento da deusa-terra com o deus-chifrudo (senhor dos animais), celebrado com orgias em torno de fogueiras. Para os incas era o festival da chuva e dos mortos. Os maias cultuavam Kukulcán. No Japão há a festa das flores e a dos Meninos (a festa dos fantoches com trajes guerreiros, ligados à força do Sol). Os chineses comemoram a chegada do tempo claro. Para os judeus é o tempo da contagem da colheita, um tempo de austeridade e trabalho.

— SOLSTÍCIO DE VERÃO: Festeja o início da colheita. Os celtas, no festival de Litha, comemoravam a vitória do jovem Deus-Azevinho (o sol decrescente) sobre o velho Deus-Carvalho (o sol crescente) com festas ao ar livre e danças em torno do mastro que simboliza a Árvore da Vida. Na Ásia Menor se comemorava a morte de Attis, Adônis ou Tammuz com a confecção de imagens do cadáver do deus feitas de terra misturada com sementes e ervas. Na Grécia, além do lamento pela morte de Adônis, era representado o período de luto de Demeter pelo rapto da filha Perséfone (era o período de estiagem). Roma também festejava a morte de Attis. Na Índia há as festas de Vishnu. Os incas faziam o festival maior do milho, uma festa de prosperidade que sobrevive na Alasita, festa do Equeco (deus da prosperidade cultuado por todos os povos dos Andes), em que as pessoas fazem feirinhas de brincadeira com miniaturas de utensílios e ferramentas que depois são dadas às crianças. Os astecas tinham seu único festival ameno, que era o "nascimento das flores", em que as pessoas colhiam flores para enfeitar o templo. No Japão há o festival das Estrelas, em que pedaços de papel coloridos, com poemas e pedidos, são presos num bambu no jardim, que recebe oferendas. Os ameríndios festejam o amadurecimento do milho. No Egito era festejada a vinda de Ísis (nascimento de Sírius), que indica o início das chuvas (seu pranto que faz Osíris reviver). Para os ugrofineses é a festa mais importante do ano, em homenagem a Saule, a deusa do Sol; há cantos, danças, preces e banquete ritual. Os chineses comemoram o amadurecimento do arroz. Para os judeus é Shavuót, a segunda festa de peregrinação, que comemora a doação das Tábuas da Lei por Deus e o fim da colheita, com a doação de frutas e cereais ao templo. Para os cristãos é Pentecostes, o dia em que o Espírito Santo desceu sobre os Apóstolos de Cristo; e o dia de São João, que mantém as tradições Celtas do Solstício.

— MEIO DO VERÃO: Comemora a safra que já amadureceu. Para os celtas, era Lammas, o festival do pão; incluía fazer uma boneca com palha de milho para dar sorte durante o ano. Na Grécia é a festa do Ano-Novo. Na Índia é o aniversário de Ganesha, o deus da prosperidade e da fartura, um dos mais populares. Os incas e astecas comemoravam o amadurecimento do milho com danças e banquetes populares. Os maias faziam sacrifícios simbólicos aos deuses da chuva, quebrando estatuetas femininas para garantir fertilidade. No Japão é a Festa das Lanternas, parte do culto dos mortos. Para os ameríndios é a festa do Sol.

— EQUINÓCIO DE OUTONO: Comemora o fim do trabalho agrícola do ano. Para os celtas era Mabon, a festa de agradecimento pela colheita. A Ásia Menor comemorava o retorno de Attis ou Adônis. A Grécia comemorava o retorno de Perséfone para a superfície (início das chuvas). Na Índia ocorrem os festivais da Grande Mãe (Laksmi onde é cultuado Vishnu e Sakti onde é cultuado Shiva) com fogos de artifício, procissões e jogos pedindo boa sorte. Os incas faziam a festa das flores. Os maias cultuavam o deus do cacaueiro. No Japão o povo agradece ao deus protetor da aldeia e ele retorna para sua morada na mata. O Egito festejava o renascimento de Osíris e o início do plantio. Para os judeus é Rosh Ha-Shaná, o Ano-Novo religioso que originalmente comemorava o início das chuvas e da aradura da terra.

— MEIO DO OUTONO: É a festa dos mortos. Para os celtas era Samhain, o antigo Ano-Novo celta, em que lanternas feitas com abóboras e nabos recortados eram postos nos campos para espantar os maus espíritos e doces eram ofertados aos mortos. Na Grécia era feito o festival da uva em homenagem a Dionísio. Na Índia há o Festival das Luzes, com luzes acesas o dia inteiro e troca de presentes. Para os judeus é Sucót, a terceira festa de peregrinação, que marca o fim da colheita das frutas com um "acampamento" em tendas que lembram as usadas pelos antigos hebreus para passar no campo o período de colheita. Os cristãos, no Hemisfério Norte, mantiveram as tradições celtas na festa de Todos os Santos (o Halloween, a noite das Bruxas) e no dia dos Mortos.

— SOLSTÍCIO DE INVERNO: Comemora o início da fase de crescimento do Sol. Para os celtas era Yule, a noite que marca o fim do reinado da Mãe-Terra e o início do reino do Deus-Sol recém-nascido; o ritual incluía a lareira ou velas acesas, o banquete em torno da Árvore da Vida (o pinheiro sempre verde com frutos que lembram o renascimento), o uso do azevinho e do visco (plantas mágicas) e o encontro com o Espírito do Natal no banquete. A Grécia comemorava ritos de Dionísio ligados à magia da fertilidade. Na Índia ocorre um dos grandes festivais do ano, a "colheita da geada". Para os Incas era o Festival do Sol (ancestral do imperador), festejado com sacrifícios e danças. Para os maias era O Pop, o Ano-Novo, quando todos renovavam a louça, as roupas e os objetos da casa. Entre os ameríndios é o tempo de iniciar nas sociedades secretas adultas todos os jovens que atingiram a idade durante o ano que passou. Para os judeus é Chanucá, que lembra o milagre das luzes do templo, mas parece se originar na festa do renascimento do Sol, pois consiste no acendimento ritual, durante uma semana, do candelabro tradicional, acompanhando a luz com preces e atividades espirituais. Os cristãos aproveitaram a data para comemorar o nascimento de Cristo, conservando o ritual celta.

— MEIO DO INVERNO: É a purificação da Mãe-Terra após o parto. Para os celtas era Imbolc, uma festa com procissões e archotes, que cultuava a deusa como senhora do fogo e da sabedoria. Na Grécia havia o festival do vinho de Dionísio, com teatro, dança, cantos e banquetes. Na Índia é a Noite do Grande Shiva, considerada a mais longa do mês, quando é cultuado o deus do tempo, o grande destruidor. Os Incas faziam festas e sacrifícios de purificação das terras e aldeias. Os maias festejavam Itzamná (o iguana), padroeiro da classe dominante. No Egito havia a festa das luzes em homenagem a Ísis. Na China começam as festas do Ano-Novo: Tsao shen, o deus protetor do lar, viaja para prestar contas ao Imperador Celeste; como todos ficam desprotegidos, soltam-se muitos fogos para afugentar os demônios. Para os judeus é o Purim, que comemora como Ester salvou os judeus na Pérsia; a tradição inclui dar esmolas, trocar presentes e visitas de grupos mascarados que se tornaram o carnaval judeu. Os cristãos fazem o Carnaval nessa época.

PERCEPÇÃO

AS ESTAÇÕES: Você conhece as características do tempo nas diferentes fases do ano, no lugar em que você vive? Você se surpreende com mudanças de tempo, ou se lembra mais ou menos como costuma ser o clima a cada mês? Procure prestar atenção a essas mudanças. Se quiser, faça um "mapa" do tempo ao longo do ano e vá tentando identificar padrões. Se você conhece pessoas que usem expressões do tipo "chuvas de verão", "veranico", "águas de março", "tardes de maio" etc., procure aprender com elas a identificar esses padrões climáticos.

MUDANÇA DE TEMPO: Você é capaz de identificar fenômenos indicadores de mudanças de tempo? Se não é, procure aprender alguns desses indicadores. As fontes podem ser velhos almanaques ou pessoas que percebam esse tipo de coisa. Procure entender o significado das expressões tradicionais como, por exemplo, sobre o fato de que as moscas voam mal quando está para chover (porque as asas ficam úmidas), sobre as mudanças de cor e o halo da Lua (ligados à umidade atmosférica), a névoa baixa ou alta, os tipos de nuvens, os ventos, etc.

O TEMPO E VOCÊ: Você sabe como seu organismo reage às mudanças estacionais? Procure observar, ao longo do ano, como varia seu vigor físico e sua disposição geral; seu estado de humor; sua atividade intelectual; sua predisposição para pequenas indisposições, reações alérgicas, infecções, dores e perturbações no funcionamento de algum órgão. Tente identificar o que é um padrão estacional constante (como as alergias da primavera e os reumatismos do inverno) e quais são os sinais de mudanças climáticas bruscas (os calos, a dor de cabeça, etc.).

ADEQUAÇÃO AO CLIMA: Observe se sua casa é adequada ao clima do lugar onde você vive. Observe tipo de revestimento de pisos e paredes, os móveis, a disposição das janelas, o telhado, etc. Se houver coisas inadequadas, tente descobrir um modo prático de corrigi-las. Procure meios de adequar sua casa às diferentes estações do ano. Faça o mesmo em relação às roupas que você usa: repare se elas são adequadas ao clima ou se você segue a moda sem pensar no seu conforto. Se você está interessado em ser mais saudável, lembre-se, por exemplo, que os tênis forrados e fechados são ideais para tempos muito frios, mas doentios para um verão de 40 graus.

APERFEIÇOAMENTO

SEU ORGANISMO: Procure se informar a respeito do que você pode fazer para aliviar os efeitos desagradáveis das mudanças de tempo sobre sua saúde. Por exemplo, mudanças na alimentação, algum tipo de exercício ou massagem, algum tipo de medicamento indicado por um especialista, etc. Mas nunca experimente nada por indicação de um curioso nem invente novidades sem fundamento; respeite seu organismo, procure sempre informações de fontes confiáveis e orientação de profissionais especializados.

SEU CONFORTO: Procure planejar minimamente seu vestuário e a arrumação de sua casa e local de trabalho para se sentir melhor durante o ano todo. Por exemplo, em vez de usar um carpete que esquenta demais, você pode preferir um piso frio e usar um tapete no inverno. Se você mora num lugar muito quente ou muito frio, dê atenção especial ao uso de materiais que custem muito a absorver e a liberar calor; pense também em janelas e portas que não transformem sua casa num forno. É claro que você pode apelar para o ar condicionado; mas, além de gastar muita eletricidade, seu aparelho respiratório ficará muito irritado, pois esse tipo de aparelho retira a umidade do ar e, se não for muito bem limpo com freqüência, acumula fungos que podem provocar infecções respiratórias.

CONSAGRANDO O ANO: Reflita a respeito do significado das festas estacionais. Escolha a tradição que preferir (a da sua própria religião ou outra com que você simpatize) ou crie seus próprios ritos e símbolos de acordo com o modo como você gosta de pensar nas estações do ano; existem boas publicações onde você pode obter conhecimentos mais profundos sobre o assunto. Aproveite as datas onde hoje são comemoradas as festas da tradição que você segue ou use as datas exatas das mudanças de estação (encontradas em qualquer calendário ou agenda). O importante é que, ao promover esses dias especiais, só para você ou para toda a sua família, isso não seja mecânico, mas que você esteja profundamente ligado ao significado da data, ao que ela representa em sua vida cotidiana.

APROVEITANDO O TEMPO: Certa vez vi, numa exposição, objetos que as famílias japonesas mais tradicionais utilizam para fazer piqueniques cuja finalidade é "contemplar as cerejeiras" ou "contemplar as folhas de outono". Isso me fez pensar em como desperdiçamos fenômenos lindíssimos que se passam diante de nossos olhos e que deixamos escapar. Torne-se mais ligado à natureza promovendo, apenas para você ou para sua família ou grupo de amigos, momentos ou dias especiais para contemplar fenômenos específicos. É claro que isso exige algum conhecimento: existem épocas específicas para se observar o florescimento de uma planta, a praia cheia de algas, etc. Prestando atenção aos fenômenos estacionais da região em que você vive, você pode programar feriados desse tipo. Mas você pode aproveitar também fenômenos repentinos: uma chuvarada, um eclipse, um arco-íris, raios, ventos, insetos, passarinhos, etc., muitas coisas podem servir como pretexto para uma pausa repousante. Em vez de reclamar da chuva e do calor, aprenda a ver o lado bonito das coisas. É claro que isso não significa que você deixe de se proteger quando isso for necessário; mas perceba que muitas vezes as variações do tempo não trazem problemas e são benéficas para todos. Se lhe agradar, procure expressar seus sentimentos em relação a esses fenômenos através de algum tipo de arte: desenhe ou pinte, escreva um poema ou um conto, modele uma forma qualquer, dê um arranjo especial à decoração de sua casa ou local de trabalho. Os japoneses têm várias formas de criar uma ligação emocional profunda com a natureza. Uma é a técnica de arranjos de flores chamada "Ikebana", que procura expressar visualmente um conceito; outra é a cerimônia do chá, que é um verdadeiro exercício de meditação, na qual são servidos docinhos modelados na forma de flores, frutos, animais e fenômenos típicos da estação corrente; por fim, o Hai-Ku (que alguns chamam Hai-Kai) é um pequeno poema de três versos, com cinco, sete e cinco sílabas respectivamente, que expressa a impressão emocional causada por um fato, em vez de descrever o fato. Parece fácil? Tente fazer!

CAPÍTULO V
OUTROS CICLOS

Os movimentos dos planetas e das estrelas cadentes desde a Antigüidade chamaram a atenção das populações. Embora sem exercer um efeito direto sobre os organismos que vivem na Terra, esses fenômenos servem como indicadores dos ciclos terrestres sincronizados com eles. Além disso, eles influenciam bastante a imaginação popular, servindo como espelho exterior, macrocósmico, do que se passa no interior do microcosmo humano. Principalmente antes da criação da iluminação elétrica das ruas, as noites escuras e limpas eram propícias à observação, mesmo dos corpos celestes pequenos e pouco iluminados. Pela importância de que se revestia a percepção de indicadores de mudanças climáticas, as observações astronômicas foram uma das mais importantes atividades da Antigüidade, que logo descobriu os padrões e ritmos dos vários astros. Entretanto, essa observação era de natureza muito diferente da que conhecemos hoje, pois não havia instrumentos que permitissem formar uma imagem diferente da fornecida pela visão a olho nu. Hoje em dia, ao ver um planeta, podemos facilmente imaginá-lo em sua posição dentro do Sistema Solar, como se o estivéssemos vendo de fora da galáxia; antigamente, só o que as pessoas podiam perceber era o movimento aparente do astro.

Os antigos observaram, por exemplo, que havia duas "estrelas" bem maiores que as outras e que se deslocavam de modo especial. Algumas vezes no ano elas surgiam, logo antes do nascer do Sol, a Leste, como que anunciando que o Sol estava para chegar; durante algum tempo, eles apareciam em posição cada vez mais alta, depois iam baixando até desaparecer; algum tempo depois, começavam a aparecer no lado oposto, a Oeste, logo após o pôr-do-Sol, e aí faziam o mesmo percurso. Um deles é muito rápido e inesperado; está num lugar e logo desaparece, vai de um lado para outro de repente, vira no meio do caminho e anda para trás; por esse comportamento, os antigos lhe deram o nome de Mercúrio, o deus grego de todos os trapaceiros (os oradores, comerciantes e ladrões) e dos viajantes. Já o outro tinha um movimento mais lento e quase sensual, dando voltas em torno do Sol, mostrando-se aos pouquinhos e depois se escondendo, como se estivesse querendo chamar a atenção do Sol. Por isso foi chamado de Vênus, a deusa do amor. Outros três astros errantes faziam percursos diferentes deste. Em certa época, eles apareciam logo antes da aurora, a Leste, e iam subindo em direção a Oeste até serem apagados pela luz do Sol; depois de algum tempo, começavam a surgir a Oeste, depois do crepúsculo, e repetiam essa viagem; a cada dia, nasciam um pouquinho mais para trás, até nascer bem a Leste; então, passavam a surgir antes da aurora novamente, mas a Oeste, e iam retrocedendo devagar até chegar a Leste e repetir todo o ciclo. O mais rápido dos três é vermelho e seu movimento é decidido: foi chamado de Marte, o deus da guerra. O segundo é grande e azulado, é mais lento e majestoso; recebeu o nome de Júpiter, o pai e rei dos deuses. O terceiro, muito lento e prudente, foi associado a Saturno, o velho deus do tempo.

    Não imagine, entretanto, que nessas épocas longínqüas, a maioria das pessoas vivesse de modo muito diferente do de hoje; ao contrário, seu cotidiano era feito de trabalho e de percepções eventuais de fenômenos mais marcantes. A observação sistemática e a análise dos dados exigia tempo e conhecimentos matemáticos acessíveis apenas a especialis-

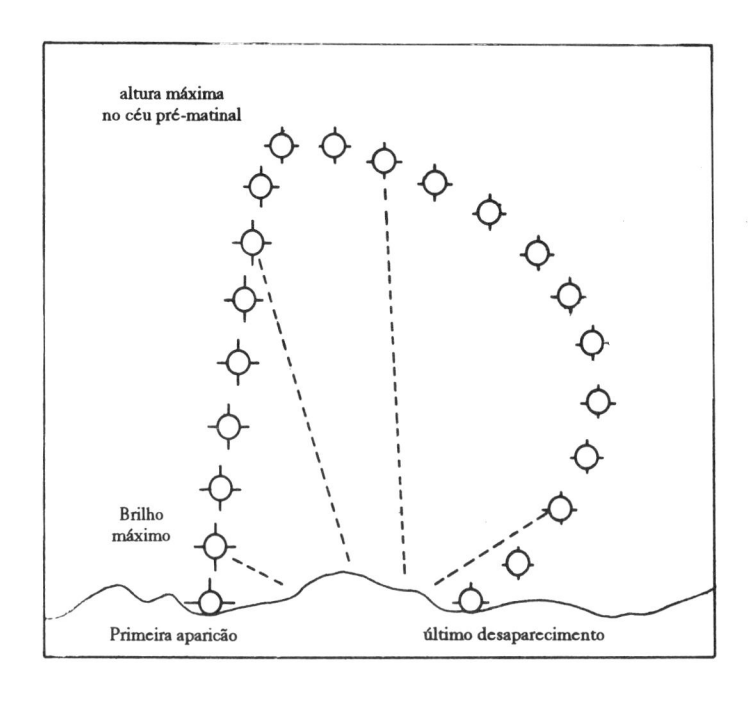

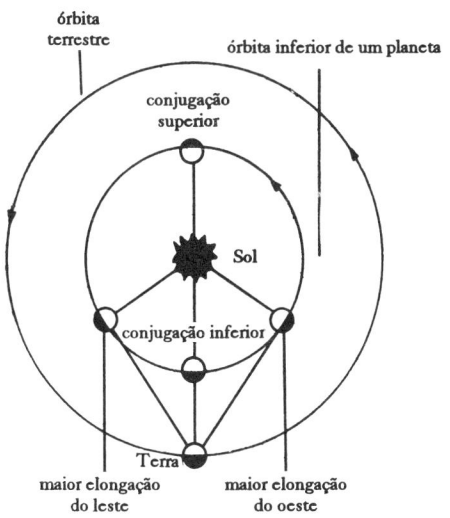

Figura 6: Posição aparente dos Planetas Interiores (Mercúrio e Vênus)

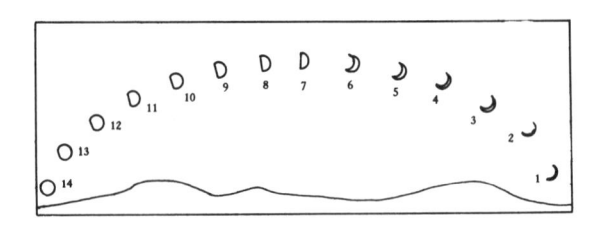

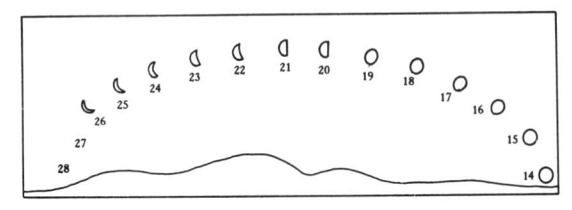

A cada anoitecer ou amanhecer, esses planetas aparecem numa posição um pouco diferente. Depois de completar um circuito em volta do céu antes de amanhecer, faz o mesmo percurso após anoitecer.

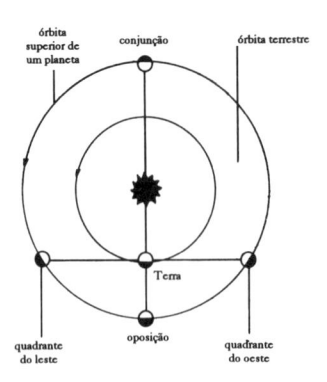

Figura 7: Posição aparente dos Planetas Exteriores (Marte, Júpiter, Saturno)

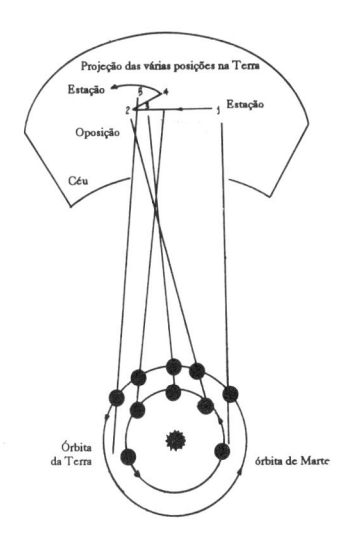

Embora com períodos diferentes, o percurso dos três planetas é bem semelhante.

Gêmeos

Touro

Plêiades

Projeção das várias posições na Terra
Estação
Oposição
Estação
Céu

Órbita da Terra

órbita de Marte

Figura 7: Continuação
Posição aparente dos planetas exteriores
(Marte, Júpiter, Saturno)

tas. Na China como na Mesopotâmia, na Arábia como entre os maias, esse trabalho era reservado aos sacerdotes-astrônomos que interpretavam os dados segundo os antigos manuais descritivos das previsões astronômicas, das profecias e dos sacrifícios a fazer aos deuses em cada situação.

A quem servia esse tipo de trabalho? Ora, informação é poder; o trabalho astronômico servia diretamente aos governantes. Numa época em que se desenvolvia a agricultura baseada no controle de técnicas de irrigação sistemática, era fundamental, para garantir a eficiência do processo, que os governos centrais pudessem prever os momentos adequados para organizar o trabalho agrícola em função das chuvas, dos ventos, etc. Ao mesmo tempo, essa informação servia para legitimar o poder de reis e imperadores, sempre vinculado a uma origem divina; casamentos e coroações eram marcados para datas em que ocorreriam configurações especiais dos astros, o que diria à imaginação popular que as estrelas estavam participando da festa de seu rei. Cometas e estrelas cadentes eram particularmente importantes nesse sentido, pois eram considerados mensageiros dos deuses; em geral anunciavam algo muito importante, como uma guerra, a morte de alguém importante, etc. Até recentemente essa crença perdurava: na Europa, em 1910, a passagem do cometa de Halley foi considerada um aviso do fim do mundo.

Nesse aspecto, a crença e o culto das estrelas têm uma importante função na manutenção dos laços que unem uma população em torno de suas crenças. Na verdade, todos os aspectos do culto público das religiões têm essa função; e, mesmo nos tempos modernos, os fenômenos naturais são associados a eles. Na década de 60, um governador do então Estado da Guanabara (hoje Município do Rio de Janeiro) decidiu eliminar do calendário oficial o feriado em homenagem a São Sebastião (Oxóssi, na Umbanda), padroeiro da cidade. Por coincidência, imediatamente a seguir houve um verão muito chuvoso, como costuma acontecer na região a intervalos de aproximadamente 5 anos. Entretanto, como pouco antes desse período a cidade passara por mudanças (por exemplo, a mudança da pavimentação das ruas e o crescimento das áreas faveladas) que dificultavam o escoamento das águas das chuvas e expunham mais as encostas dos morros à erosão, o resultado das chuvas, nesse exato momento, foi catastrófico. A ligação entre os fatos, na imaginação popular, foi imediata; desde então, nenhum outro governo ousou desrespeitar a festa do padroeiro da cidade. Será isso uma superstição tola? Um mitólogo diria que não. A associação sincronística desses dois fenômenos, no plano imaginário, significou o afloramento de um tipo de questão que talvez estivesse esquecida. O santo padroeiro é o correspondente cristão das divindades locais, personificações das forças da natureza. Possivelmente, o que a ligação entre o padroeiro e a catástrofe sugere é que, de alguma forma, foi percebida a ligação entre a atitude humana em relação às forças naturais e os resultados dessa atitude. Chuvas fortes continuaram a ocorrer ciclicamente, tanto no Rio de Janeiro como em outras regiões; a degradação da qualidade de vida nas grandes cidades fez com que se repitam, periodicamente, catástrofes mais ou menos semelhantes àquela primeira. A interpretação popular continua sendo a de que é um castigo por causa de nossa atitude de desrespeito. Ou seja, não adianta correr, em dezembro, para realizar planos de emergência, tentando reduzir os efeitos das chuvas; apenas uma atitude de respeito e cuidado permamente pelo ambiente em que vivemos é que poderá nos reconciciliar com nossos deuses.

Existem outros ciclos que, embora imperceptíveis, influenciam a vida das pessoas comuns. Um deles é o ciclo de atividade das manchas solares. Esse é um fenômeno de origem desconhecida que ocorre a intervalos de aproximadamente onze anos. Existe um período, mais ou menos no meio desse tempo, em que praticamente não ocorrem manchas; depois elas começam a aparecer, como se a superfície do Sol estivesse borbulhando. Sua quantidade aumenta até que, ao se completarem os 11 anos, ocorre um período de aproximadamente um mês de atividade muito intensa, que depois volta a diminuir. As manchas solares emitem muito mais raios-X e raios ultra-violeta que a superfície normal do Sol; essa radiação, atingindo a atmosfera terrestre com intensidade muito superior à normal, provoca tempestades magnéticas. Há alguns anos, era considerada absurda a idéia lançada por alguns pesquisadores de que a atividade das manchas solares influencia o comportamento humano. Enquanto essa hipótese se baseava na observação da coincidência das fases de maior atividade das manchas solares com momentos importantes na história mundial (especialmente o início de conflitos e guerras), seus críticos alegavam que essa era uma tentativa tola de reduzir as questões políticas e sociais a previsões astrológicas. Hoje, entretanto, sabe-se que não é tão simples assim descartar a ação desses fenômenos sobre nossa vida. É claro que é absurdo fazer o que fazem alguns maus astrólogos, que usam seu sistema simbólico para fazer interpretações e previsões mecânicas sobre a vida social; mas trata-se de um caso muito diferente quando a física constata que um tipo de fenômeno magnético interfere nas transmissões de energia que ocorrem no planeta. Da mesma forma como as manchas solares prejudicam as telecomunicações, pode-se supor que interfiram no funcionamento do sistema nervoso dos animais e, conseqüentemente, da espécie humana, criando o tipo de tendência a alterações de comportamento (em particular, o aumento da agressividade) que, em ampla escala, pode ser responsável por tendências no comportamento de coletividades. A peculiaridade desse ciclo, diferente do dia e da noite e das estações do ano, é que sua ação, quando ocorre, atinge a Terra como um todo; assim, seu efeito, embora sutil, se faz sempre sentir em maior escala do que os fenômenos que ocorrem em certos pontos do planeta, enquanto são contrabalançados por fenômenos inversos em outros pontos.

Outra atividade periódica, mas que até agora não pode ser prevista em termos de ciclos periódicos, são os movimentos da crosta terrestre que causam as erupções vulcânicas e os terremotos. Até o século XIX, não eram conhecidas as origens desses fenômenos; para os hindus, por exemplo, a Terra era sustentada por elefantes, os quais se equilibravam sobre uma tartaruga, a qual ficava sobre uma serpente enrolada; se um dos animais acordasse, haveria um terremoto. Conforme a Geologia foi conhecendo melhor a estrutura da Terra, diversas teorias foram surgindo; atualmente, a mais aceita é a do deslizamento das placas tectônicas. Para chegar a essa teoria, os teólogos precisaram derrubar aquela idéia antiga de que a Terra, assim como toda a natureza, é algo acabado e imutável. Ao contrário, o planeta está em permanente mudança, embora esta seja tão lenta que só pode ser percebida com a passagem de muitas gerações. Todos conhecem a teoria de que nosso planeta se formou a partir de uma massa incandescente expulsa pelo Sol; também aprendemos na escola que a Terra só é sólida e fria na superfície, que seu interior é tão quente que as rochas aí estão sempre líquidas. É como se fosse uma grande panela de doce em cuja superfície se formam pedaços cristalizados que dão a impressão de que todo o doce está sólido; mas o movimento de subida e descida da massa de doce, provocado pelo calor, faz com que esses pedaços se afastem para os cantos da panela e desçam para o fundo conforme o líquido quente borbulha vindo de baixo, no centro da panela. As placas tectônicas são bem parecidas com os pedaços de doce e se movem da mesma forma que eles na panela.

    Segundo as evidências geológicas, a parte sólida da Terra começou a se formar numa área próxima ao atual Pólo Sul; essa primeira terra firme constitui hoje os terrenos das costas do Brasil e do Golfo da Guiné (na África), que formavam um território contínuo, um continente primitivo chamado pelos geólogos de "Pangéia" (que significa em grego "terra inteira"). Pangéia incluía todos os continentes atuais num território contínuo. Com o tempo, entretanto, a fervura interior causou rachaduras por onde a massa borbulhante procurou sair; a placa se rachou ao longo de uma linha sinuosa que hoje aparece como uma

No final da Era Paleozóica, nos períodos carboníferos e permiano, há 300 milhões de anos, quando surgiram os primeiros répteis, todos os continentes formaram uma só massa chamada hoje de Pangéra (Pan = toda; géra = terra).

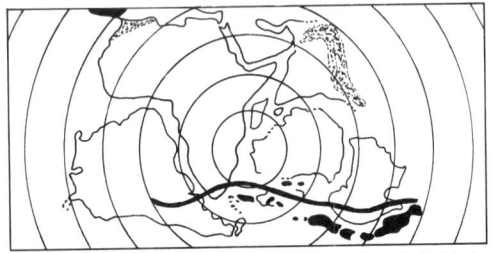

Pangéia não ficava no Equador, mas no Pólo Sul; isso explica a distribuição das glaciações dessa época.

Durante a era mesozóica, nos períodos Treássico, Jurássico e Cretáceo (o tempo dos dinossauros, ate há uns 100 milhões de anos atrás), os continentes foram se separando aos poucos.

No período Pleistoceno (há uns 3 milhões de ano), quando surgiram os primeiros hominídeos, os continentes já estavam na disposição que conhecemos hoje; mas continuam a se mover.

Figura 8: Pangéia.

cadeia de montanhas vulcânicas que afloram como ilhas no meio do Oceano Atlântico. Atualmente, essa região é uma das linhas de grande atividade vulcânica e de produção de terremotos do planeta. A outra linha se situa "nos fundos" do Oceano Atlântico, contornando as costas da Ásia e das Américas no Oceano Pacífico; é aí que a placa continental vai aos poucos mergulhando para as profundezas da Terra, passando por baixo das bordas das outras placas.

Além de explicar a origem dos vulcões e terremotos, essa teoria muda radicalmente nossa visão do planeta. Mostra que, embora as mudanças sejam imperceptíveis para a escala de tempo em que decorrem nossas vidas individuais, elas estão permanentemente ocorrendo e as espécies que vivem no planeta precisam se adaptar se quiserem sobreviver. A espécie humana constrói diques e abre golfos; as pessoas comuns têm a impressão de que a possibilidade de mudar a superfície do planeta ao nosso gosto depende apenas da existência da tecnologia apropriada. O que precisamos aprender é que a Terra é como um grande organismo cujos mecanismos fisiológicos são infinitamente mais poderosos que nossas ações localizadas por serem mecanismos reparadores e regeneradores que atingem todo o planeta. Ao planejar modificações, precisaremos estudar a maneira como esses mecanismos procurarão compensar os distúrbios provocados. Sem esse cuidado, corremos o risco de, a longo prazo, criar prejuízos muito maiores que os benefícios esperados. Atualmente, em vários pontos do planeta, populações vêem seu futuro ameaçado por problemas desse tipo. Um exemplo recente é o da construção da represa de Assuan, no Egito, projetada para ser a grande redentora do país ao regularizar o fluxo de água no rio Nilo, acabando com a fase anual de seca. Só que não foram previstas as conseqüências dessa alteração no conjunto da ecologia do país. O que ocorreu foi o aprisionamento da lama fértil na barragem, deixando todos os terrenos ao longo do rio, daí até a foz, muito mais estéreis do que antes; uma alteração química do solo, decorrente da mudança do ciclo das águas, agravou esse problema, tornando o solo impróprio para a agricultura; e o aumento da umidade do ar, decorrente da presença constante de um grande volume de água, está acelerando a destruição dos monumentos arqueológicos que alimentam a atividade turística, principal fonte de renda do país. Outro exemplo é a substituição, no Japão, das terras férteis pela chamada "terra podre", causada pelo esgotamento do solo após muitas safras anuais sustentadas pela adubação química, que não repõe todos os componentes do solo extraídos pelos vegetais nem respeita o tempo necessário para a recuperação da terra.

Como se não bastassem esses "pequenos" problemas, a humanidade está ultimamente descobrindo novos desafios impostos pela natureza, para os quais não há remédios, mas apenas a busca de formas de adaptação. Um problema que ultimamente vem se manifestando intensamente é a atividade das fendas da crosta terrestre em regiões onde está havendo separação de territórios. A mais conhecida é a fenda que passa próximo das cidades de São Francisco e Los Angeles, que nos últimos anos vem produzindo muitos terremotos. Existe também a teoria de que a exploração intensiva do subsolo, principalmente com o rápido esvaziamento de camadas de petróleo e gás, provoca movimentos das camadas rochosas que procuram ocupar os espaços vazios. Nesse sentido, a espécie humana age como o enfermeiro, que punciona um abscesso e deixa correr todo o material acumulado; mas depois é preciso agüentar as alterações causadas pelo processo de cicatrização.

Outra questão que vem ocupando os cientistas é o possível retorno das glaciações. Durante milhões de anos, a Terra passou por períodos cíclicos de aumento e queda das temperaturas médias; associadas a este ciclo, ocorreram mudanças marcantes na fauna e na flora do planeta pois, ao esfriar o clima, havia, por milhares de anos, um maior acúmulo de gelo no inverno e um degelo menor no verão; mais tarde esses gelos se movimentavam, causando erosões e outras alterações na crosta terrestre. Mas, para os seres vivos, o risco imediato da glaciação é o do frio extremo, que pode se tornar incompatível com a vida. Até algumas décadas atrás, aprendíamos na escola que as Idades do Gelo eram coisas do passado distante da Terra; hoje, os pesquisadores já estão investigando sinais meteorológicos que podem indicar que, lentamente (numa escala de milhares de anos), a Terra pode estar entrando em nova glaciação.

Essas questões indicam que é tempo de a espécie humana passar a ter uma atitude mais sensata em relação à sua moradia, usando suas conquistas tecnológicas para melhorá-la, e não para destruí-la.

CURIOSIDADES

TEMPO E ESPAÇO EM GRANDE ESCALA: As distâncias entre as estrelas são tão grandes que são medidas em "anos-luz". Essa é a distância que a luz percorre no período de um ano. Para se ter uma idéia do que isso significa, imagine que, a cada segundo, a luz percorre uma distância de trezentos mil quilômetros, ou seja, o equivalente a sete vezes e meia uma volta em torno da Terra na altura do equador.

ORIGEM DO UNIVERSO: Existem atualmente várias teorias que tentam explicar como se criou o universo. A considerada mais provável é a teoria da "Grande Explosão" (Big Bang); segundo ela, no início, toda a matéria do universo se encontrava condensada num "átomo primordial" que, há uns 15 a 20 bilhões de anos, explodiu e começou a se espalhar pelo espaço, processo que continua até hoje. Segundo a teoria do "Universo Cíclico", o universo passa por períodos alternados de expansão e contração; é como se acontecessem "Big Bangs" periódicos, sendo que o último, que deu origem ao nosso universo, iniciou um ciclo que está no meio e que deve terminar pela contração daqui a uns 20 bilhões de anos. Essa teoria lembra o mito hindu dos "Dias e Noites de Brama", segundo o qual o universo existe enquanto Brama está acordado e deixa de existir quando ele adormece. A teoria menos cotada é a do "Universo Estacionário", que diz que o universo nunca muda, mas tenta explicar a reposição do que é destruído pela hipótese de um campo nem gravitacional nem magnético, que cria a matéria.

O CALENDÁRIO DA TERRA: Há alguns anos, pesquisadores transformaram a escala de tempo em que ocorreram os principais eventos do processo de criação do mundo na escala correspondente a um ano terrestre. Os pontos mais importantes desse calendário são o início do universo, colocado há aproximadamente 18 bilhões de anos, e a criação do Sistema Solar, há uns 5 bilhões de anos. Segundo esta escala, podemos imaginar que, no dia primeiro de janeiro, ocorreu o Big Bang; em fevereiro surgiram nuvens de gases, em março começaram a se formar as nebulosas e em abril se formaram as primeiras estrelas. Em maio, explosões estelares aceleraram condensações de matéria que, em junho, fizeram com que se separassem estrelas como o Sol; em julho se formaram nuvens em volta das estrelas que, em agosto, se separaram em porções; em setembro, essas porções se condensaram formando os planetas, como a Terra; em outubro, surgiram na Terra as primeiras moléculas da matéria orgânica; em novembro, os primeiros micróbios; e durante o mês de dezembro ocorreram muitas novidades. No dia 7 já existiam algas com clorofila; no dia 16, surgiram corais e medusas; no dia 19, os primeiros artrópodes; no dia 22, os peixes e plantas; no dia 23, os anfíbios e pequenos répteis; no dia 24, os insetos e as samambaias; no dia 26, surgiram os dinossauros e os primeiros mamíferos; no dia 27, as aves; no dia 28, as flores. No último dia do ano, às 6 horas da manhã, desapareceram os dinossauros; às 8 horas, surgiram os macacos primitivos; às 14 horas, os primeiros Antropóides (primatas ancestrais dos humanos); às 23 horas surgiram os Hominídeos; e somente na última hora deste ano surgiu o Homo sapiens. As primeiras civilizações com história registrada por escrito surgiram quando faltavam 51 segundos para o ano acabar; o Brasil foi descoberto no início do último segundo; a máquina a vapor foi inventada quando já haviam se passado 5 décimos desse último segundo, o petróleo começou a ser explorado quando já haviam passado 7 décimos do último segundo; a eletricidade e o telefone surgiram aos 8 décimos, a energia nuclear aos 9 décimos e as viagens espaciais e os computadores surgiram já no decorrer do último décimo de segundo desse ano.

METEORITOS E METEOROS: Os meteoritos são pedras, principalmente de ferro ou silicatos, que atingem a Terra ocasionalmente e possivelmente se originam do cinturão de asteróides que circula numa órbita entre Marte e Júpiter. Já os meteoros atingem a Terra o tempo todo mas, como são muito pequenos, geralmente se queimam antes de atingir o solo, aparecendo apenas como um rastro luminoso (as estrelas cadentes); provavelmente sua origem é a "poeira" que os cometas deixam para trás conforme passam. Geralmente, as publicações de meteorologia informam a respeito dos locais e horários em que é possível observar as chuvas de meteoros. Os nomes dados a elas indicam a constelação em que elas aparecem. Por exemplo, no início de junho aparecem os meteoritos Arietidas, na constelação de Áries; no final de junho, surgem os Tauridas, em Touro; no final de outubro, os Orionidas, em Órion. Todos os meses há chuvas de meteoros, mas nem sempre são visíveis no Hemisfério Sul.

CICLOS DA VIDA E DOS PLANETAS: Desde a Antigüidade, a maneira como os estudiosos procuraram descrever os fenômenos estacionais em associação com as posições planetárias foi simbólica. O caminho do astro era descrito como uma jornada por diferentes mundos; o céu era dividido em faixas que refletiam as diferentes estações dessa viagem, tanto no espaço como no tempo. Os marcos da estrada são os signos do zodíaco; embora com símbolos diferentes, as mesmas faixas aparecem nas astronomias de todo o mundo. Mas, com o tempo, as observações foram incorporando o estudo dos grandes ciclos dos planetas, que se tornaram um grande sistema descritivo da personalidade e do destino individual. Os ciclos dos planetas passaram a ser usados para descrever os ciclos em que nossa vida pode ser dividida. Um padrão que praticamente resume os ciclos de todos os planetas é a divisão da vida pessoal em períodos cuja duração oscila entre 6 e 8 anos. Nesse tempo, Mercúrio e Vênus mais ou menos retornam à posição do dia do nascimento da pessoa, enquanto Marte faz oposição com a posição natal, assim como Júpiter. E Saturno faz um ângulo de 90º (quadratura) a cada 7 anos. Esses períodos marcam fases importantes na vida: a maturidade intelectual e emocional necessária para entrar para a escola e expandir o círculo de relacionamentos; a "grande virada" da adolescência; o final da fase de dependência e a entrada no mundo adulto; a"crise dos 30 anos", com a volta de Saturno; a crise existencial da meia-idade; a entrada na velhice.

PERCEPÇÃO

FENÔMENOS DO CÉU: Você conhece algum indicador astronômico de fatos importantes? Você já observou os planetas, um eclipse ou uma chuva de meteoros? Procure se informar a respeito da ocorrência desses fenômenos e observe-os. Tente desenhar ou descrever o que você está percebendo diretamente, sem usar informações de Astronomia; depois tente imaginar uma explicação para o que observou.

FENÔMENOS DA TERRA: Você já observou lugares que mostrem a ação transformadora de fenômenos naturais? E a ação transformadora da ação humana? Procure comparar os dois tipos de ação. Você tem algum tipo de participação nessas formas de transformação, de modo positivo ou negativo? O quanto você desperdiça, polui, conserva e recompõe? Tente encontrar novas formas de ajudar a natureza a ser mais saudável.

OS CICLOS EM VOCÊ: Procure refletir sobre a maneira como você viveu as crises de mudanças pelas quais já passou. Tente entender o lado interior, simbólico das crises.

APERFEIÇOAMENTO

CONTAGENS: Tente aprender a usar algum tipo de indicar astronômico (a posição de um planeta, uma estrela, etc.) como indicador de momentos importantes ou de intervalos de tempo. Existem muitos livros de divulgação que trazem dados astronômicos sob forma clara e inteligível; não é preciso usar cálculos ou instrumentos especiais para aproveitá-los.

CICLO PESSOAL: Reflita sobre o significado simbólico dos ciclos planetários. Se quiser aprofundar o assunto, existem bons livros de Astrologia que o analisam. Procure perceber, na sua vida, a aproximação de crises e a maneira como se manifestam. Aprenda a distinguir os problemas que vêm basicamente do exterior, daqueles cuja origem está em sua disposição interior do momento. Se sentir necessidade, auxilie interiormente a resolução da crise entrando em contato com os princípios envolvidos usando o simbolismo planetário. Por exemplo, em crises de relacionamento, faça contato com Vênus; em crises de competitividade, trabalhe com Marte; se faltar autoconfiança, trabalhe com Júpiter; para a clareza mental, entre em contato com Mercúrio; para seus projetos de crescimento, faça contato com o Sol; para os medos, trabalhe com Saturno. Faça fantasias e converse com eles sempre que precisar, pergunte o que quiser e peça conselhos.

PARTICIPAÇÃO: Procure aperfeiçoar sua participação na vida do planeta. Tente descobrir formas de reduzir seu desperdício e sua contribuição para a poluição. Lembre-se de que a maioria dos plásticos demora muitos anos para ser "digerida" e reincorporada à natureza; o ideal é que esses materiais sejam reaproveitados de alguma forma ou enviados para reciclagem. É importante que o mesmo seja feito com papéis, vidros e metais; seu reaproveitamento reduz a necessidade de explorar novas jazidas de matéria-prima. Metais pesados (como os componentes das pilhas não-recarregáveis) são extremamente tóxicos e não devem ser jogados fora como lixo comum. Para reduzir sua participação na "intoxicação" da natureza, procure escolher para seu uso os materiais mais reaproveitávies ou de mais fácil degradação; sempre que possível, reutilize embalagens, papéis, plásticos, etc. Seja moderado, também, no consumo de combustíveis e outros produtos esgotáveis; lembre-se de que o petróleo e o carvão fóssil demoraram centenas de milhões de anos para se formarem e que as rochas de onde são extraídos os minerais se formaram ao longo de bilhões de anos. Se as reservas mundiais se esgotarem (como está perto de acontecer com o petróleo), não poderemos esperar tanto tempo pela reposição. Por isso, é melhor reutilizar ao máximo a porção que já foi extraída para diminuir o ritmo de redução das reservas. Ao mesmo tempo você estará ajudando a diminuir a poluição, que nada mais é do que o acúmulo, em certo local, de mais produtos do que os que a natureza pode reciclar num certo tempo. Perceba um pouco esses ritmos e aprenda a colaborar com eles.

    James Lovelock, criador da moderna teoria de Gaia (a Terra vista como um organismo vivo de que todos os componentes orgânicos e inorgânicos fazem parte) lembrou que não podemos mais falar de "ambiente natural" sem incluir nele as modificações introduzidas pela espécie humana. A humanidade criou seus próprios ritmos e agora a Terra tem novos ciclos e ritmos resultantes da interação da ação humana com o mundo "pré-humano". Nossa ação faz parte da dinâmica total desse organismo chamado Terra; por isso, preservar a natureza é aprender a exercer mehor nossa inteferência sobre ela.

CAPÍTULO VI
O ESPAÇO

O espaço e o tempo são tão estreitamente ligados que algumas culturas utilizaram a mesma palavra para expressar os dois conceitos. Durante todo o tempo em que estamos falando de eventos temporais - os ciclos planetários, as estações do ano, o dia e a noite - implicitamente estamos falando de pontos de referência espaciais que nos permitem identificar momentos distintos nesses ciclos. Desde a Antigüidade, os pontos considerados fundamentais foram aqueles em que o Sol (junto com a Lua e os planetas visíveis) nasce e se põe. A única variação na posição desses pontos, e mesmo a única previsível após uma observação de poucos anos, é a causada pela oscilação da Terra ao longo da passagem das estações. É por isso que, em todos os povos, o Leste e o Oeste determinam o eixo básico de orientação espacial, o caminho dos deuses. O movimento do Sol, trazendo a luz e deixando a treva, nascendo e morrendo a cada dia, subindo para o céu ou mergulhando em profundezas desconhecidas, falou com muita força à imaginação de todos os povos; é como se esse movimento representasse o ciclo da vida, como se o Deus solar estivesse realmente nascendo e morrendo a cada dia. O eixo Leste-Oeste se tornou o símbolo da grande estrada da vida; o Sol, em várias tradições, assumiu características diferentes conforme a sua posição: a Leste, o Sol nascente é um deus jovem, alegre, brincalhão e aventureiro (como Exu, na antiga tradição Yorubá); ao meio-dia é o guerreiro conquistador e vencedor (como Inti, o deus criador e civilizador dos incas); no poente, é um deus sábio e austero, às vezes ameaçador (como Atum, o deus egípcio que dirige a barca dos mortos); e durante a noite é o deus do mundo dos mortos (como Huitzilopochtli, o Sol do céu noturno e deus supremo dos astecas). O Leste é a direção da vida, de tudo o que nasce; é a direção da primavera. O Oeste é a porta de saída da vida, a entrada para o reino da morte: é a direção do outono.

A direção Norte-Sul é acessória e completa o simbolismo quádruplo. Como no Hemisfério Norte o Sol é sempre percebido num trajeto um pouco ao sul do alto do céu, o Sul é considerado o lado do sol mais quente. Na França, por exemplo, a região sul, bem mais quente que o norte, é chamada de "Meio-Dia". Sendo o domínio do sol abrasador, o Sul é a direção do verão. O Norte, ainda no mesmo hemisfério, aponta para a zona polar, para a escuridão e o frio mais prolongados; é a misteriosa região da noite e da morte, a direção do inverno.

Durante o dia, o Sol mostra, com seu movimento, onde estão o Leste (de onde ele sai pela manhã) e o Oeste (para onde ele caminha); o Norte está à esquerda de quem olha para Leste e o Sul está à direita. Durante a noite, existem estrelas que indicam a direção do pólo mais próximo de cada hemisfério; ao Norte é a Estrela Polar, da constelação da Ursa Menor (Pequeno Carro): uma linha que venha do alto do céu e passe por essa estrela atingirá o horizonte bem na direção do Pólo Norte; ao Sul é a constelação do Cruzeiro do Sul que sempre aponta, com o braço maior da cruz, para o Pólo Sul.

Muitas tradições colocam a orientação especial entre os fatores mais importantes para a vida humana. Os Yorubá dividem o mundo em quatro círculos concêntricos e quatro direções cardeais que simbolizam etapas da vida e setores da realidade: a aldeia é o mundo presente, o mundo dos adultos, da terra onde o povo se enraíza; os campos

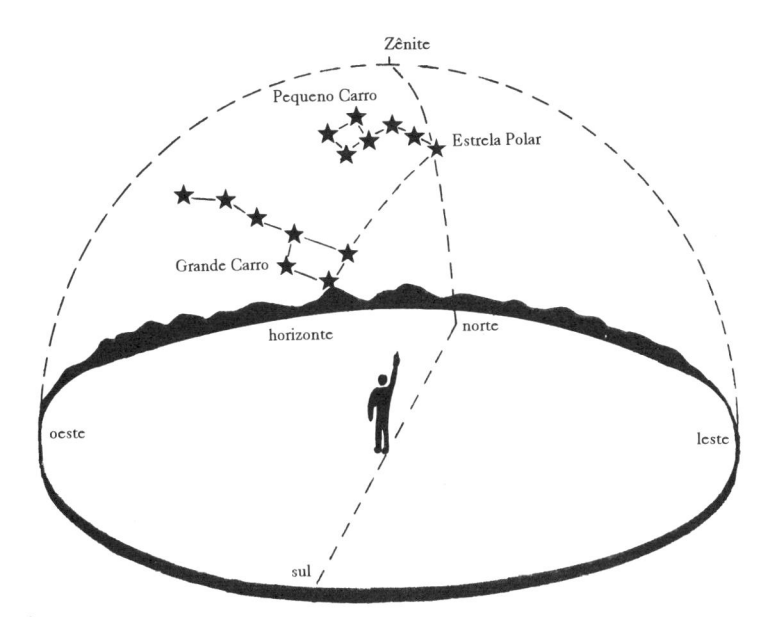

Figura 9: A Estrela Polar, que faz parte da constelação da Ursa Menor, aponta o Pólo Norte.

(Obs.: o pólo sul celeste tem essa posição visto do Brasil. Se desenhar várias cruzes na posição dos vários meses, a projeção de seu braço maior aponta o pólo.)

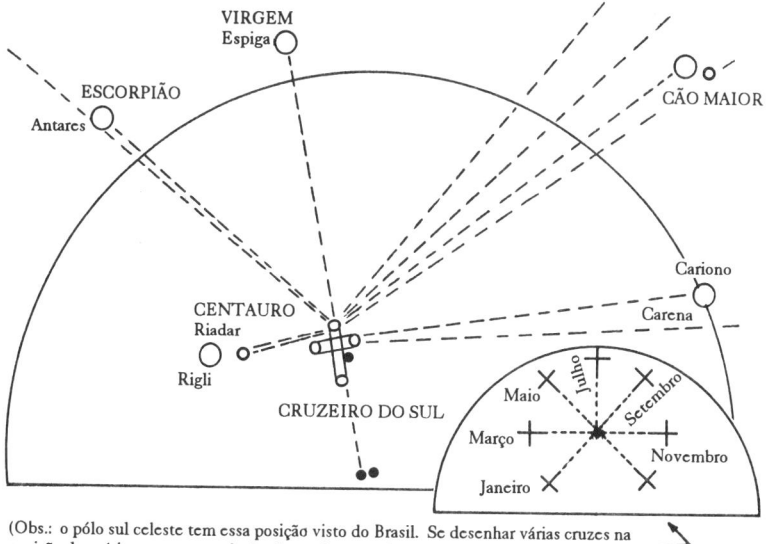

Figura 10: O Cruzeiro do Sul aponta o Pólo Sul.

cultivados pertencem ao futuro, às crianças e aos velhos; o mar é o reino do passado imediato, dos mortos e dos embriões; o deserto desconhecido é o reino dos deuses e do passado mítico. Cada um desses domínios corresponde, respectivamente, ao Oeste, ao Leste, ao Sul e ao Norte. Esse tipo de divisão do espaço sobrevive ainda hoje na estrutura dos espaços religiosos afro-brasileiros.

Outras tradições baseiam seu culto na orientação espacial. O Islamismo e o Judaísmo, por exemplo, preconizam que os fiéis façam suas orações sempre voltados para uma determinada direção, que é respectivamente a de Meca ou de Jerusalém, as cidades sagradas dessas religiões. Outras crenças valorizam determinadas direções pelo seu significado natural; é assim que, dentro da tradição européia, a magia solar é realizada de frente para o Leste (direção do dia, da luz celeste, da consciência ativa) e a lunar é voltada para o Norte (direção da noite, dos mistérios da terra, do inconsciente receptivo). As igrejas cristãs, originalmente, também eram rigorosamente orientadas em direção ao sol nascente. Os templos dos povos antigos, tanto na América pré-colombiana como na Europa, no Oriente Médio como no Extremo Oriente, eram orientados espacialmente de acordo com a divindade a que se destinavam: templos do Sol, da Lua, de Vênus se localizavam de modo que os rituais fossem "contemplados" pelo deus a partir de determinadas posições, como o Sol do Solstício de Verão, a Lua Cheia do Equinócio de Primavera, etc. Os fiéis testemunhavam a presença da divindade quando sua luz, num determinado dia e horário, atingia um ponto determinado (geralmente, o altar) do santuário. Dessa forma, pode-se dizer que todas as Religiões Naturais intuíram um fenômeno evidenciado no século XX por Einstein: a ligação indissolúvel entre espaço e tempo num complexo multidimensional em que percebemos a realidade. Assim, o espaço associado ao tempo é a porta de acesso para o contato do indivíduo com os infinitos interior e exterior - o mundo sensorial e o divino.

A Árvore da Vida, símbolo material do centro do mundo e do ciclo da vida, utiliza conceitos espaciais do mundo da experiência comum para descrever experiências transcendentais. Suas raízes mergulham na terra e sua copa está no céu; os ramos apontam para as várias direções. Yggdrasil, a Árvore da tradição nórdica, tem três raízes, cada qual mergulhada num rio (uma direção) que a liga a um mundo diferente, enquanto a copa atinge um quarto mundo. A Árvore das Sefirot, da Cabala, é formada por dez esferas das quais três pertencem ao mundo divino, uma (a inferior) é a Terra, dividida nos quatro segmentos para os quatro elementos, e as seis restantes formam o "Templo da Iniciação", organizado segundo seis direções: Norte (a criação), Sul (o controle), Leste (a emoção), Oeste (a coragem), Centro (o altar, a imaginação) e o alto (o coração, a luz, a harmonia). O simbolismo expresso pela Árvore da Cabala descreve a necessidade de harmonizar todos os aspectos da vida comum antes de entrar no mundo da espiritualidade.

Além desse nível simbólico, o relacionamento de nosso organismo com as direções do espaço se fundamenta em mais de um fenômeno físico. Por um lado, expressa a nossa relação com a luz e a sombra; por outro, a influência de campos eletromagnéticos.

Antigamente, quando as casas podiam ser construídas no centro dos terrenos, elas eram muitas vezes planejadas de acordo com a posição do Sol. Tanto no Hemisfério Norte como no Sul, muitas pessoas sabiam as direções mais e menos saudáveis, o que estava diretamente relacionado à quantidade de Sol que atingia cada tipo de cômodo de acordo com o horário mais conveniente. Seria importante, por exemplo, que os quartos recebessem muito sol pela manhã, para eliminar a umidade e possíveis microorganismos acumulados durante a noite; por outro lado, seria incômodo se as salas de refeição, de estar e de trabalho recebessem sol no período em que devessem estar ocupadas.

Em todas as grandes aglomerações urbanas – as antigas capitais da China e da Índia, as cidades européias desenvolvidas após a Revolução Industrial - a falta de luz solar sempre andou de mãos dadas com a doença nos bairros pobres, caracterizados pelas ruas estreitas e casas sem ventilação. Mesmo nas casas ricas da Europa, houve um tempo (que foi até o século XIX) em que o dormitório era escondido num cubículo sem janelas, o que contribuía para a disseminação, em especial, de doenças pulmonares como a tuberculose. Apesar de toda a importância dada atualmente aos antibióticos, a "Revolução Sanitária", caracterizada por uma redução rápida e acentuada da incidência de doenças infecciosas e da mortalidade causada por essas enfermidades ocorreu na Europa muito antes da descoberta desses medicamentos; essa mudança no padrão de saúde das populações foi causada basicamente por uma certa melhoria nas condições de higiene das áreas residenciais populares conquistada pelo movimento operário, que obteve a construção de residências um pouco melhores no que se refere à iluminação e ao arejamento, além de contar com água, esgotos e destino adequado para o lixo.

Hoje em dia, parece que nos esquecemos novamente de levar em conta o fator espacial em nossas casas e locais de trabalho. Os imóveis são construídos com o objetivo básico de aproveitar ao máximo os terrenos disponíveis, não importa a posição em que fiquem em relação ao sol. Dificilmente as pessoas podem fazer escolhas a esse respeito, pois os imóveis – casas ou apartamentos – são construídos segundo modelos muito homogêneos, que não permitem variações individuais. Se já é praticamente impossível alterar alguma coisa na destinação dos cômodos planejada pela empresa construtora, muitas vezes a própria distribuição dos móveis dentro do cômodo fica seriamente prejudicada pela disposição de portas, janelas e pontos de luz, não permitindo que a casa se adapte aos moradores. Penso que hoje é realmente um desafio para uma pessoa conseguir organizar seu espaço de moradia ou trabalho de acordo com suas necessidades pessoais, tornando seu ambiente o mais saudável possível. É importante que nosso ambiente receba durante algum tempo luz solar direta e que tenha o ar renovado, de preferência sendo reciclado por algumas plantas; o padrão estético atual, que prefere as grandes superfícies envidraçadas e fechadas, gera diversos problemas. Em primeiro lugar, cria um efeito-estufa: a vidraça funciona como uma lente que concentra o calor no interior do cômodo e bloqueia a ventilação, acumulando ar aquecido. A alternativa é apelar para o ar condicionado, que não renova o ar e retira sua umidade, provocando irritação do aparelho respiratório. Na verdade, essa arquitetura é apropriada para lugares frios, mas não deveria ter sido transferida para as regiões quentes. Não é por falta de alternativas que isso ocorre; engenheiros e arquitetos já realizaram experiências com a construção de casas mais adaptadas ao clima quente e tiveram bons resultados; entretanto, a tecnologia alternativa é uma ameaça à indústria de materiais de construção, pois procura fugir das padronizações e utiliza materiais mais adequados ao local, mais duráveis e baratos do que os convencionais.

Se você observar uma foto ou desenho dos bangalôs que os ingleses construíram na Índia, inspirados na arquitetura local, terá uma idéia do que seria uma casa adequada para o nosso clima tropical. O bangalô é baixo e largo, com janelas e portas em toda a volta, o que permite a ventilação qualquer que seja a direção do vento; o telhado deixa um vão sobre o forro, que mantém uma camada de ar que não deixa o interior da casa esquentar demais; além das janelas terem postigos que reduzem a luz sem cortar a ventilação nas horas de sol forte, o telhado é bem maior que a casa, cobrindo uma varanda larga em toda a volta, que ajuda a ventilar e refrescar tudo. As antigas casas portuguesas trazidas para o Brasil (principalmente para as fazendas e chácaras) seguem mais ou menos esse padrão, o que as torna bem mais frescas que as construções modernas. O material de construção das casas mais antigas, que consistia numa estrutura de paus-a-pique revestida pelo reboco, e a grande altura do interior dessas casas, cujo pé direito geralmente era de cinco metros, melhorava ainda mais suas condições internas, pois dificultavam as trocas de calor com o exterior: quando esquentava, o interior da casa permanecia fresco por muito tempo; quando esfriava, o calor absorvido nas horas de sol se conservava por muito tempo.

As aberturas de ventilação também são fundamentais. É essencial que as janelas possam ficar abertas de modo a criar correntes que renovem o ar no interior: grades e cortinas podem garantir a segurança e privacidade desejáveis sem que a qualidade do ar seja prejudicada. Muitas vezes, o próprio planejamento das construções dificulta sua ventilação. Há algum tempo, uma grande instituição de ensino do país, ao construir um conjunto de prédios para abrigar os laboratórios de pesquisas, teve a idéia de evitar as correntes de vento dentro do prédio, para não atrapalhar o funcionamento dos aparelhos; os prédios foram construídos com todas as janelas numa única direção, diferente da direção do vento. O resultado foi a impossibilidade de se trabalhar nesses locais sem que o ar condicionado esteja ligado, pois os prédios são verdadeiros fornos. Esse é um exemplo do que não deve ser feito; o ideal é que a situação do local seja estudada para que as correntes de ar sejam aproveitadas para ventilar a casa. As experiências feitas por arquitetos, a que já me referi, incluíram a combinação de pequenas aberturas de respiração nas partes inferior e superior das paredes, de modo que o ar mais frio entre por baixo e empurre o ar quente do interior, que sai pelas aberturas superiores. É útil também conhecer a direção de onde vêm os ventos fortes, o barulho e a poluição: a arquitetura tem soluções bem criativas para reduzir o desconforto causado por esses problemas.

Cada povo, quando não se deixa dominar por tecnologias importadas, cria a casa mais adequada ao lugar em que mora. Compare a arquitetura suíça com a árabe. O chalé quase não aparece debaixo de um telhado inclinado, quase vertical, que protege a casa da neve e do vento. Já a casa árabe é um cubo com janelas em vários pontos, coberta por um terraço muitas vezes protegido do sol por plantas. Essa casa acumula calor, necessário para as noites frias do deserto. A casa do esquimó é uma cúpula feita com blocos de gelo e totalmente fechada, o que mantém algum calor no interior. No Japão e na Oceania, onde ocorrem freqüentes temporais e terremotos, a arquitetura tradicional utiliza bambu (que dificilmente apodrece) e papel para fazer casas leves e de fácil reconstrução. A saúde das populações e dos indivíduos depende em grande parte da qualidade da moradia utilizada nas regiões em que vivem.

Às vezes, outros fatores além do sol e dos ventos influenciam nosso espaço. A Radiestesia é uma técnica consagrada pelos xamãs de várias partes do mundo, principalmente para encontrar água. Foi observado, porém, que ela é eficaz para outros fins. Já se tornaram clássicas as pesquisas em que radiestesistas, usando varetas ou pêndulos, descobriram pontos "negativos" numa casa ou em outro tipo de local. Certamente, todo mundo já ouviu observações do tipo: "essa casa tem caveira de burro enterrada", ou "essa casa foi construída em cima de formigueiro". Esse tipo de observação não é superstição pura, mas resulta da experiência empírica de muitas gerações que associaram esses acontecimentos - ou situações que essas expressões representam - ao modo como as pessoas se sentiam nesses lugares. A explicação não tem nada de sobrenatural. Abaixo da superfície da terra existem acúmulos de minerais diversos, veios de água, gás, óleo, etc. Todas essas substâncias emitem campos magnéticos mais ou menos intensos que atingem a superfície e afetam os seres vivos que aí estão. Os pesquisadores descobriram, por exemplo, que os insetos (especialmente as formigas) se sentem bem em campos de radiação que causam mal-estar aos seres humanos; já os cachorros têm os mesmos gostos que nós. Assim, não é por acaso que nos sentimos mal num lugar onde as formigas gostam de se alojar e sempre achamos que o cachorro escolheu o melhor lugar da casa para disputar conosco. Atualmente é muito difícil prevenir esse tipo de problema. Embora algumas pessoas (principalmente na Europa) possam se permitir contratar um radiestesista para pesquisar o terreno e determinar o melhor local para construir a casa, geralmente somos obrigados a utilizar um espaço sem muitas opções. Mesmo nesse caso, entretanto, podemos tentar fazer alguma coisa para reduzir os efeitos de campos desagradáveis. Uma possibilidade imediata é trocar a posição dos móveis de modo a tirar, por exemplo, a cama, o sofá, a mesa de refeições ou a bancada de trabalho de locais onde seja difícil permanecer. Outra opção é o uso de materiais isolantes. Existem pesquisadores, aqui mesmo no Brasil, que desenvolveram combinações de metais que, segundo eles, são capazes de bloquear todo tipo de radiações; mas como, por razões comerciais, nenhum deles entra em detalhes a respeito de sua invenção, não podemos julgar a validade de suas afirmações, a não ser que nos disponhamos a comprar e experimentar o material.

Há alguns anos, houve a grande febre das pirâmides; a partir da observação de um certo valor desse formato como orientador dos campos magnéticos num ambiente, as pirâmides se tornaram a panacéia universal, não importando sequer o material de que fossem feitas; mas existem estudos sérios sobre o assunto que podem indicar formas eficientes de usar determinados materiais para desviar ou reorientar radiações. Uma alternativa possível, que poderia ser experimentada, é o uso do chumbo, material consagrado como protetor contra Raios-X e radiações nucleares. O chumbo exige cuidado, pois é bastante tóxico quando se tem contato direto com ele; mas sua presença no ambiente, devidamente isolado dos seres vivos, não causa problemas. Especialmente quem mora em locais próximos a estações transmissoras de rádio e televisão, antenas e outros equipamentos geradores de campos eletromagnéticos e outras radiações, deve pensar seriamente em criar uma proteção para a casa. É conveniente também observar as características da própria casa. Revestimentos impermeáveis no chão e paredes podem criar um verdadeiro lençol d'água que produz uma sensação muito desagradável. Aparelhos eletrodomésticos criam campos magnéticos sempre que funcionam e dois aparelhos a alguma distância entre si podem criar um campo que afeta pessoas que fiquem paradas nesse lugar. O tubo de imagem das televisões comuns, principalmente quando o aparelho é a cores, emite radiações que afetam a saúde das pessoas que costumam sentar-se muito próximas ao aparelho.

Às vezes, nosso mal-estar resulta do mau alinhamento com o campo magnético da Terra. Nosso planeta é cercado por um grande campo magnético (o cinturão de Van Allen) gerado por toda a atividade que ocorre no planeta, e cuja principal utilidade é bloquear a maior parte dos raios cósmicos e das radiações solares que atingem a Terra. Os dois pontos em que esse campo "brota" do planeta são os pólos Norte e Sul. A partir daí, os "raios" do campo vão de um pólo a outro em toda a volta da Terra, formando uma grande "rosca" magnética. Os chineses inventaram a bússola ao descobrir que um determinado minério de ferro, a magnetita, era tão fortemente influenciado por esse campo, que uma agulha feita desse material ficaria sempre orientada na direção Norte-Sul. Pode-se perceber, assim, que estamos permanentemente mergulhados num mar de ondas magnéticas; se o nosso campo pessoal estiver desalinhado com elas (por exemplo, quando a cama está disposta na direção Leste-Oeste), podemos nos sentir mal.

Durante muito tempo, foi extremamente difícil para a ciência oficial aceitar esse tipo de idéia. As recomendações a respeito da melhor posição para a cama e outros elementos do mobiliário, a sensibilidade de certas pessoas a modificações no ambiente causadas até pela presença de alguém, as "curas pelo magnetismo animal" postas em moda no século XIX, eram consideradas pura superstição. Foi já em meados do século XX que pesquisadores comprovaram a existência do campo magnético que cerca todos os seres vivos. O espiritualismo europeu já importara da Índia o conceito de "aura", mas a idéia vulgar a respeito era a de algo sobrenatural, pertencente ao mundo dos espíritos e exclusivamente humano. Somente os "médiuns", ou seja, pessoas com dons espirituais especiais, poderiam percebê-la e lidar com ela. O que as pesquisas biofísicas mostraram é que toda a atividade das partículas que compõem um corpo gera um campo; se esse corpo for uma pedra, por exemplo, esse campo será fraco, a não ser que ela contenha substâncias radioativas (cujo campo é de natureza especial); se for um organismo vivo, a atividade das células, tecidos e órgãos irá gerar um campo muito maior. Quanto mais complexo for o organismo, mais complexo será seu campo: a aura humana é dividida em váris camadas, ou seja, vários campos superpostos em cada um dos quais a energia vibra com uma freqüência diferente, conforme seja gerada pelo funcionamento das vísceras, pelas emoções ou pelo pensamento. Esse campo de energia pessoal interage com os campos de outras pessoas, outros seres vivos e com o próprio campo energético da Terra. Todas as pessoas realizam essa troca de energia e sentem os campos em volta de si; mas poucas conseguem ter consciência disso, pois nossa educação tende a bloquear essa sensibilidade. Muitas vezes sentimos apenas seus efeitos sob a forma de mal-estares súbitos relacionados a mudanças meteorológicas, a determinados lugares e à proximidade de certas pessoas. Isso não quer dizer, entretanto, que nessas situações estejamos lidando com energias "nocivas" (embora este seja o termo usado em quase toda a literatura sobre o assunto). O que ocorre é que simplesmente aquela energia não sintoniza com a nossa, embora possa sintonizar com outras. Na verdade, não existem "energias maléficas"; existem energias deslocadas e desarmônicas entre si. O que precisamos fazer, em relação ao nosso ambiente, não é "nos isolarmos de energias nocivas", mas procurarmos as formas como o nosso campo fica melhor alinhado com as energias do ambiente. Buscar os pontos de referência dos eixos Norte-Sul e Leste-Oeste da Terra pode ser um bom ponto de partida para isso.

A direção em cima-embaixo também é fundamental para todos os seres que vivem na Terra, pois ela decorre diretamente da existência da força da gravidade. Todos os corpos, em função de suas forças internas, atraem os corpos que estão próximos; é por isso que a Terra se mantém girando em volta do Sol, que a Lua gira sempre em torno da Terra, o ar não se espalha pelo espaço e nós nos conservamos colados à superfície do planeta. Nenhum corpo se orienta ao acaso segundo essa direção; sua posição dependerá de como está distribuído seu peso. Não é por acaso que nós mantemos a cabeça no ar e temos as pernas e os quadris mais próximos ao chão; mas nossos músculos e ossos precisam de um desenvolvimento especial para manter essa posição, que exige maior esforço que a dos animais quadrúpedes. A postura bípede deu ao ser humano uma característica que nenhum outro animal possui: um grande distanciamento entre os órgãos dos sentidos e as funções corporais. Por isso, perdemos tanto o contato com sensações e percepções fundamentais para nossa saúde e bem-estar. Nos últimos tempos, os estudos referentes à saúde psicossomática levantaram a questão da necessidade de sentirmos novamente o contato com o chão, com nosso "enraizamento", para atingirmos o desenvolvimento pleno da totalidade do nosso ser. A Cabala diz a mesma coisa ao afirmar que a Árvore da Vida precisa ter suas raízes bem plantadas na Terra para que possamos alcançar o mundo divino; e vai mais além no símbolo do hexagrama, a estrela de seis pontas, formadas por dois triângulos entrelaçados, um deles representando o que é do alto e que desce, e o outro, o que está embaixo e que sobe.

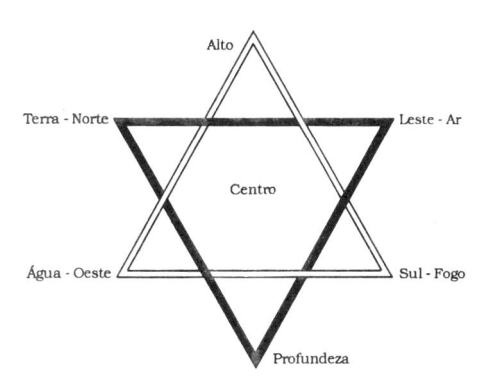

"O que está embaixo é como o que está no alto, e o que está no alto é como o que está embaixo, para produzir os milagres de uma só coisa. (...) O Sol é o pai, a Lua é a mãe, o Vento a carregou em seu ventre e a Terra é sua nutriz." Assim a Tábua de Esmeralda, um dos mais tradicionais textos da magia européia, descreve a totalidade do indivíduo: o alto (o espírito, o cósmico) e o baixo (o corpo, o individual) são semelhantes e se formaram pela combinação dos quatro elementos: o fogo (o Sol, a vontade), a água (a Lua, a emoção), o ar (o Vento, o pensamento) e a terra (a Terra, a sensação física). Assim, o Microcosmo (o indivíduo) reflete o Macrocosmo (o mundo), assim o lado "negro" (o corporal, animal, instintivo, terreno) é o espelho do lado "branco" (o espiritual, divino, intuitivo, celeste). Daí a importância de se enraizar, de redescobrir o corpo, o lado material da vida, tão desprezado pelos grupos espiritualistas; daí a importância de vivenciar sua posição no espaço, sua relação com os outros corpos. Alexander Lowen, discípulo de Reich e criador da Bioenergética, ressalta essa necessidade ao afirmar que a espiritualidade é o resultado da vivência da personalidade integral, não existindo espírito sem a consciência corporal. Dion Fortune, grande maga inglesa, afirmou em um de seus livros, a respeito do uso do espiritualismo como fuga dos problemas e repressões emocionais, que não é possível sublimar uma doença mental, construir uma personalidade mágica e espiritualizada sobre neuroses e questões não resolvidas. Thich Nhât Hanh, monge budista vietnamita, descreve em seus livros a verdadeira essência da espiritualidade do Budismo Engajado, que consiste em estar plenamente consciente, a cada momento, da totalidade de si mesmo e do contato com as coisas do mundo. Por tudo isso é que considero tão importante, como afirmei lá no início, que a pessoa se sinta "centrada" em seu mundo, orientada no centro do hexagrama, para ser física e mentalmente saudável.

CURIOSIDADES

A ÁRVORE DA VIDA: Este esquema, como todo sistema simbólico, tem infinitos níveis de interpretação. Pode ser entendido como a descrição da criação do mundo, que evoluiu desde a energia pura e indiferenciada até as estruturas do mundo material; pode descrever o processo de desenvolvimento da personalidade individual, desde a "unidade cósmica" do recém-nascido até a plena diferenciação da consciência adulta; pode representar o conjunto das funções psicossomáticas do indivíduo, com as esferas correspondendo aos vários centros de energia do organismo (os "chakras" dos hindus); e pode também descrever o trabalho de crescimento pessoal que começa na plena consciência e no aprimoramento das funções físicas e termina na transcendência dos limites individuais. A Árvore pode ser olhada como uma estrutura vertical ou horizontal. Observe a figura.

Na interpretação vertical, as esferas se organizam em três colunas. Na coluna da Misericórdia (ativa, positiva) estão Chokmah (2), Chesed (4) e Netzach (7): a relação entre elas é que a força criadora que flui sem limites em Chokmah começa a se organizar em Chesed e, ao se dividir em polaridades, torna-se fértil em Netzach. Na coluna da Severidade (receptiva, negativa), o princípio da forma aparece de modo mais primordial em Binah (3), muda para imposição de limites pela destruição em Geburah (5) e culmina com o poder de controle das ações formais em Hod (8). Esses princípios se equilibram na coluna da Suavidade (conciliação, unidade). Nela se encontram as quatro esferas que sintetizam os quatro modos básicos como a consciência pode se manifestar: a mente abstrata em Kether (1), o coração aberto em Tipheret (6), as intuições de Yesod (9) e as sensações físicas em Malkuth (10).

A interpretação horizontal divide a Árvore em três triângulos. O superior, formado por Kether, Chokmah e Binah, é o mundo divino, arquetípico; as esferas dos princípios da atividade, receptividade e unidade representam a meta

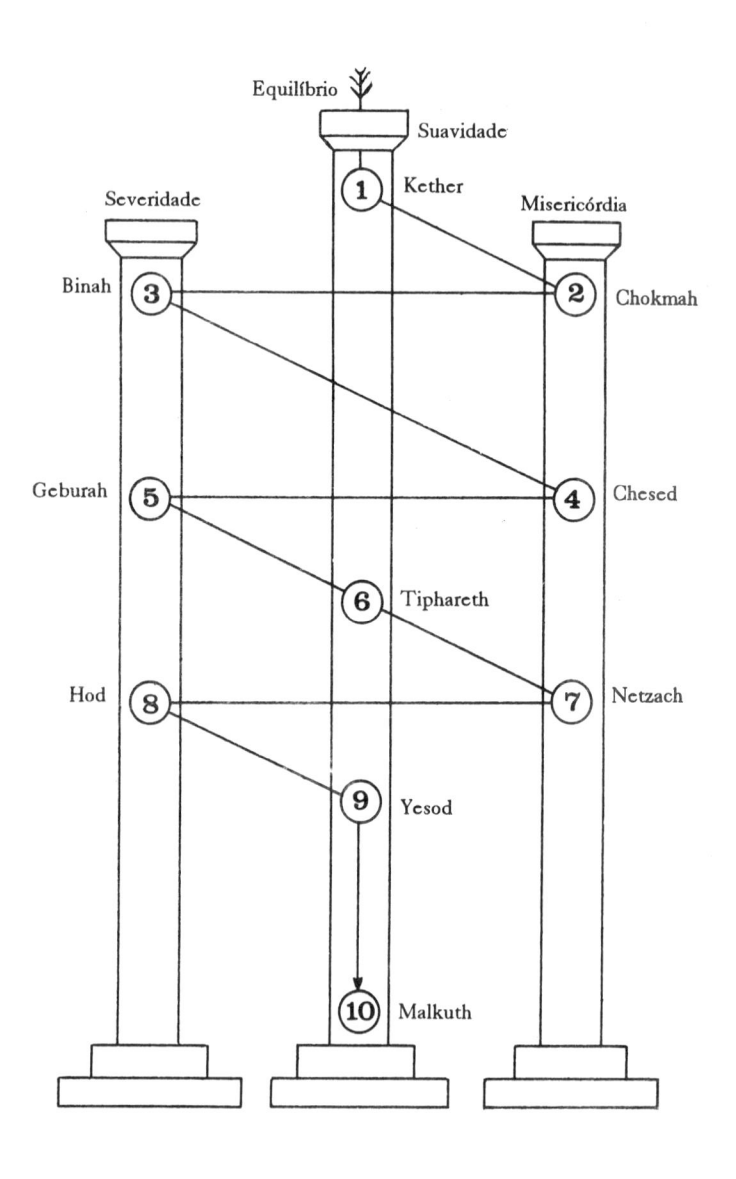

Figura 11: Árvore da Vida: A –colunas.

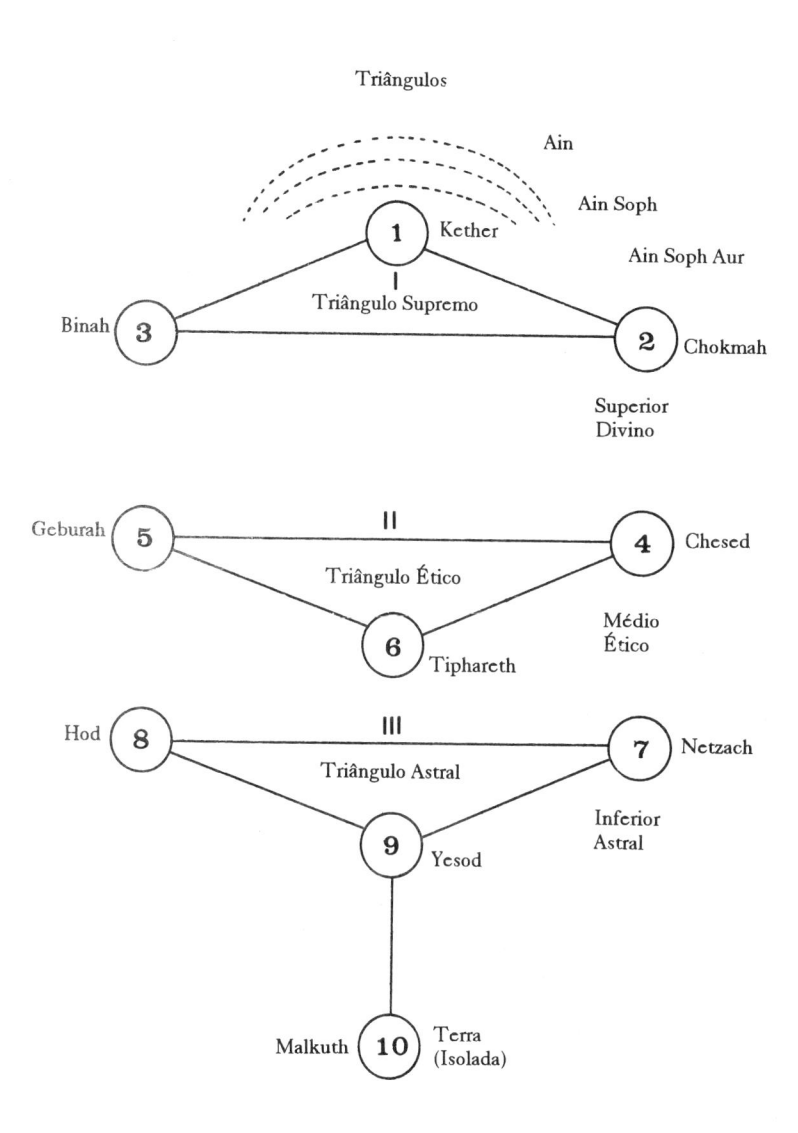

Figura 11: Árvore da Vida: B —triângulos.

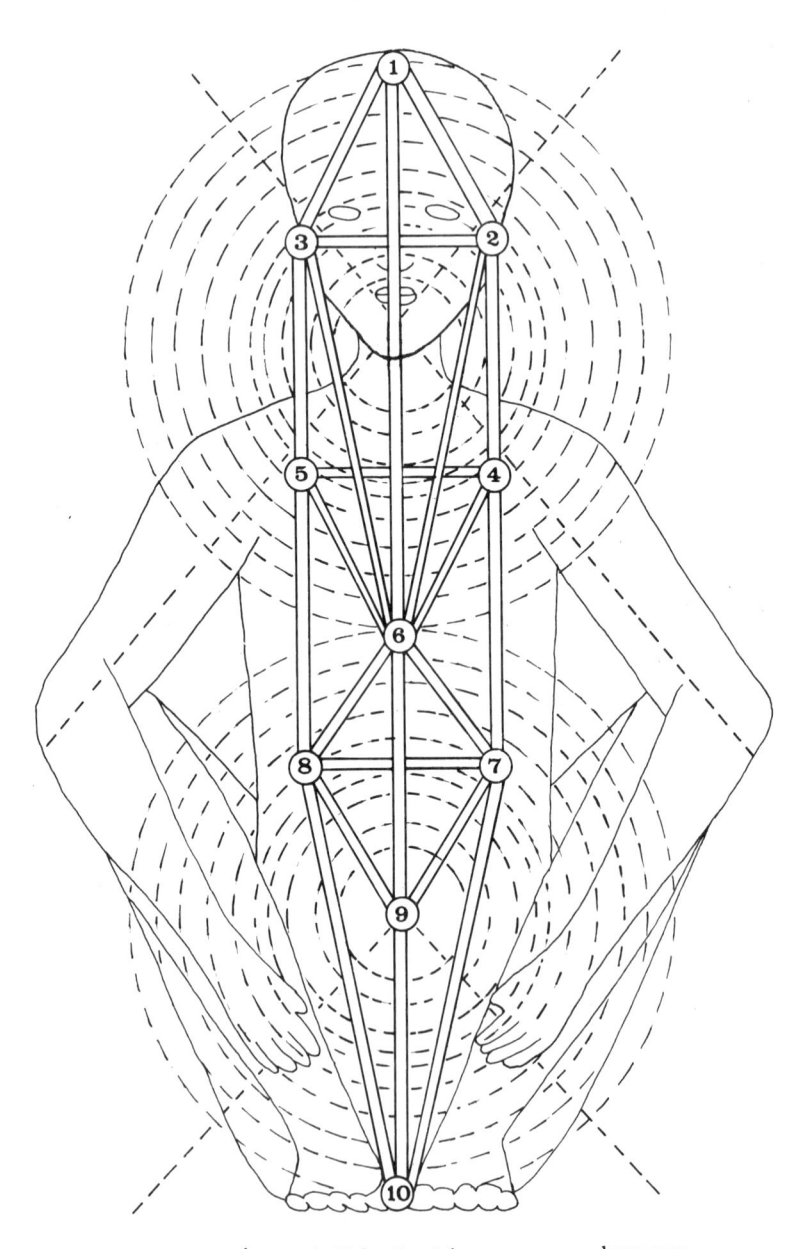

Figura 11: Árvore da Vida: C — A árvore e o corpo humano.

de sabedoria superior e transcendente que poucos conseguem atingir. O triângulo intermediário, dito o triângulo Ético, é composto pelos princípios da construção (Chesed), destruição (Geburah) e harmonia (Tipheret); está ligado ao nível moral, ético da vida emocional. O triângulo inferior (Astral) é formado pelos potenciais de sintonia emocional (Netzach), controle intelectual (Hod) e abertura intuitiva (Yesod) que compõem o potencial mágico a ser desenvolvido; e Malkut é o mundo material, a terra onde todos os potenciais se concretizam.

A magia cabalística utiliza uma série de símbolos correspondentes a cada uma das esferas. Fazer uma meditação ou fantasia que inclua aromas, objetos, animais, alimentos, etc., associados ao tipo de questão que desejamos trabalhar é mais eficiente do que uma reflexão limitada aos aspectos abstratos do assunto. Existem muitos bons livros que descrevem em detalhes os simbolismos ligados às esferas da Árvore; essa tabela é um resumo de alguns dados que podem ser úteis em seus exercícios de fantasia.

1 - Kether: a Coroa, a fonte original, a totalidade, o espaço, o abismo. Cor: branca; pedra: cristal; deus: Caos; forma: ponto; mineral: carbono; aroma: alfazema; animal: caracol; elemento: ar; assunto: fantasia; virtude: realização; defeito: inconsciência; chakra: Coronário; alimento: ar; técnica: transe profundo; ação: sente-se uno; objeto: coroa.

2 - Chokmah: a Sabedoria, a energia pura, a reatividade, o zodíaco, o céu. Cor: prata; pedra: opala; deus: Urano; forma: lemniscata; mineral: zinco; aroma: limão; animal: serpente; elemento: fogo; assunto: libertação; virtude: impulso; defeito: impulsividade; chakra: Frontal; alimento: água; técnica: sentir fluxo de energia; ação: percebe tudo; objeto: vara.

3 - Binah: a Compreensão, as leis da forma, a energia latente, o tempo, Saturno. Cor: anil; pedra: ônix; deus: Saturno; forma: triângulo; mineral: chumbo; aroma: mirra; animal: toupeira; elemento: água; assunto: firmeza; virtude: prudência; defeito: avareza; chakra: Frontal; ali-

mento; trigo, técnica: mexer com terra; ação: unifica idéias; objeto: cálice.

4 - Chesed: a Misericórdia, as forças geradoras, a síntese, a realeza, Júpiter. Cor: azul; pedra: safira; deus: Zeus; forma: quadrado; mineral: estanho; aroma: murta; animal: elefante; direção: norte; assunto: ganhos; virtude: sorte; defeito: fanatismo; chakra: Laríngeo; alimento: hortelã; técnica: construir objetos; ação: imagina projetos; objeto: pirâmide.

5 - Geburah: a Força, as forças destruidoras, a queima, o vingador, Marte. Cor: vermelho; pedra: rubi; deus: Ares; forma: pentágono; mineral: ferro; aroma: hortelã; animal: lobo; direção: oeste; assunto: coragem; virtude: audácia; defeito: crueldade; chakra: Laríngeo; alimento: alho; técnica: gestos de poder; ação: senso de justiça; objeto: espada.

6 - Tipheret: a Beleza, o equilíbrio, a homeostase, a vegetação, o Sol. Cor: amarelo; pedra: brilhante; deus: Dioniso; forma: estrela de seis pontas; mineral: ouro; aroma: laranja; animal: leão; direção: altura; assunto: ambições; virtude: sacrifício; defeito: orgulho; chakra: Cardíaco; alimento: laranja; técnica: êxtase pela alegria; ação: amor e doação; objeto: cubo.

7 - Netzach: a Vitória, a polaridade, a sexualidade, o amor, Vênus. Cor: verde; pedra: esmeralda; deus: Afrodite; forma: flor de sete pétalas; mineral: cobre; aroma: rosa; animal: touro; direção: leste; assunto: amor; virtude: criatividade; defeito: luxúria; chakra: Solar; alimento: maçã; técnica: ritmos, dança; ação: simpatia; objeto: rosa.

8 - Hod: a Glória, o controle, a coordenação, a magia, Mercúrio. Cor: laranja; pedra: ágata; deus: Hermes; forma: estrela de oito pontas; mineral: mercúrio; aroma: anis; animal: macaco; direção: sul; asunto: comunicação; virtude: verdade; defeito: falsidade; chakra: Solar; alimento: chicória; técnica: fala cerimonial; ação: vontade; objeto: bastão mágico com serpentes (caduceu).

9 - Yesod: o Fundamento, o ritmo, os ciclos orgânicos, a donzela, a Lua. Cor: violeta; pedra: ametista; deus:

Ártemis; forma: lua crescente; mineral: prata; aroma: cânfora; animal: gato; direção: centro; assunto: mudanças; virtude; independência; defeito: ociosidade; chakra: Sacro; alimento: alface; técnica: perfumes; ação: imaginação, objeto: espelho.

10 - Malkuth: o Reino, a diferenciação, a limpeza e defesa, a mãe, a Terra. Cor: quatro quadrantes: preto, oliva, limão, tijolo; pedra: granito; deus: Demeter; forma: cruz dentro do círculo; mineral: argila; aroma: eucalipto; animal: cabra; elemento: terra; assunto: fartura; virtude: discriminação; defeito: inércia; chakra: Básico; alimento: milho; técnica: contemplação, oráculos; ação: sente o corpo; objeto: círculo, moeda.

Esses símbolos podem ser usados, por exemplo, numa fantasia. De acordo com o problema que você quer trabalhar, escolha a esfera relacionada a ela (pode ser a virtude da esfera que lhe falta, o defeito que sobra, o assunto que você quer resolver, a ação mágica que quer desenvolver). Imagine lugares e situações em que você encontre elementos da esfera e tente descobrir aí a solução do problema ou simplesmente fique por algum tempo vivenciando esse ambiente para despertar em seu inconsciente os elementos relacionados à esfera. Outra forma de usar esses símbolos é realizar rituais ou cerimoniais em que você se cerque dos elementos da esfera: sua cor, seu perfume, seu alimento, seus objetos, etc.

RADIESTESIA: Esta é uma técnica de percepção das alterações nos campos energéticos dos organismos e lugares. Geralmente utiliza um instrumento auxiliar, embora alguns profissionais bem treinados possam fazer esses diagnósticos por percepção direta, sem intermediários. Apesar de um certo clima de mistério criado em torno do assunto, o pêndulo (ou vareta) nada mais é que um amplificador de movimentos imperceptíveis que os músculos do braço fazem em resposta às variações no campo energético com que entra em contato. Geralmente, os radiestesistas se condicionam a usar um código inconsciente; é comum que se considere um movimento pendular na direção dos ponteiros do relógio como uma resposta positiva e o movimento inverso como negativa. Se você quiser experimentar a radiestesia, pode conseguir um pêndulo eficiente sem precisar gastar uma fortuna numa loja especializada. O pêndulo deve ser simplesmente um objeto que funcione como um peso, mantendo o fio que o sustenta bem esticado. É fundamental que esse objeto tenha o formato bem regular e o peso equilibrado, senão o pêndulo poderá se mover como um dado viciado, sempre na mesma direção. Já vi autores recomendarem desde o uso exclusivo de um único material, até o uso indiscriminado de qualquer substância; minha experiência mostrou que os melhores materiais são o metal (latão, prata, estanho, etc.) e o cristal. O tamanho não importa: objetos muito pequenos podem ser ótimos pêndulos. Eu costumo fazer, para meus alunos, pêndulos com pequenos enfeites de bijuteria feitos em latão, pendurados num pedaço de linha de algodão para crochê. Não use uma peça pesada nem um fio pesado demais, que possam forçar excessivamente o braço; se você cansar, não conseguirá respostas confiáveis. Na minha opinião, a radiestesia tem dois segredos: o primeiro é deixar o pulso bem solto, para não bloquear os movimentos; o segundo é não ficar desejando uma resposta específica, para não distorcer inconscientemente o resultado. Dito isso, é só treinar para se acostumar com o pêndulo. Se quiser pesquisar um lugar, vá caminhando por ele com o pêndulo pendente da mão (alguns radiestesistas fazem o mesmo trabalho sobre um mapa ou planta do lugar); o pêndulo ficará imóvel onde não houver nada de especial e se moverá nos locais de energia. Se quiser fazer uma pergunta, formule-a de modo que a resposta possa ser "sim" ou "não". Se a pergunta não estiver clara em sua mente, a resposta será confusa.

PERCEPÇÃO

FENÔMENOS METEOROLÓGICOS: Você conseguiu adaptar bem seu cotidiano às direções do sol, dos ventos, etc., onde você mora e trabalha? Você conhece bem essas direções? Se você nunca as observou, procure conhecê-las.

Descubra onde bate sol forte em vários momentos do dia e como isso se altera ao longo das estações do ano. Observe as áreas muito iluminadas, com iluminação média ou obscura; perceba se elas estão mal utilizadas. Faça o mesmo em relação ao vento. Observe quando e onde a ventilação fica deficiente, quando é ótima e quando é excessiva; perceba se pode usar melhor essas variações. Sinta se as características atuais do lugar lhe agradam; se não agradarem, procure perceber o que está incomodando e tente descobrir como pode mudar isso.

CAMPOS MAGNÉTICOS: Passe em revista os aparelhos elétricos da sua casa. Para começar, observe a distância em que as pessoas costumam ficar em relação à tela da televisão; a distância mínima recomendada é de 5 vezes a medida da diagonal da tela; quem fica a uma distância menor do que essa, recebe uma dose muito alta de radiação que, com a repetição, vai lesando várias estruturas do organismo, a começar pelos olhos e sistema nervoso. Observe também se, em algum lugar, alguém precisa permanecer por muito tempo entre dois aparelhos ligados (como o rádio e a luminária dos dois lados da cama, a geladeira e o frízer em pontos opostos da cozinha); tente colocar nesses lugares algum material que absorva as radiações. Se quiser, examine toda a casa com o pêndulo e tente descobrir focos de energia.

OUTROS FATORES DO AMBIENTE: Pense a respeito das conseqüências dos materiais usados na sua casa ou local de trabalho. Os carpetes são isolantes e, pelo atrito com os pés, fazem seu corpo ficar carregado de eletricidade estática. Experimente, depois de andar por algum tempo sobre carpetes sem encostar em nada (para não descarregar), tocar uma peça de metal; provavelmente você levará um choque! Pisos muito impermeáveis e também revestimentos de parede em plástico acumulam muita umidade; você pode passar anos se sentindo mal, tendo problemas alérgicos e respiratórios, sem saber a causa. Repare também se portas, janelas e cortinas tornam a casa desconfortável; tente encontrar soluções fáceis e baratas para os possíveis problemas. Ponha as mãos nas paredes da casa em vários lugares: perceba se elas vibram. O trânsito pesado ou a proximidade de máquinas podem criar uma vibração imperceptível, mas que faz as pessoas se sentirem mal. Barulho vindo do exterior, diretamente pelas janelas ou através das paredes (como ocorre em apartamentos e casas geminadas) pode incomodar muito; observe, em várias horas do dia, o nível de ruído dentro de sua casa e perceba se ele é compatível com o seu bem-estar.

POSIÇÃO NO ESPAÇO: Você sabe se orientar pelos pontos cardeais? Aqui no Brasil, nós costumamos usar outros pontos de referência (entre na terceira rua à esquerda e depois vire na esquina que tem um poste amarelo...), mas em muitos países é costume usar as direções cardeais para se orientar, mesmo nas cidades. Para aprender a se localizar, você só precisa descobrir de que lado nasce o Sol. Se você ficar de pé, de frente para esse ponto (que é o Leste), estará de costas para o Oeste, terá o Norte à esquerda e o Sul à direita. Você quer saber qual é a utilidade disso numa cidade cheia de placas com os nomes das ruas? É simples: quando você precisar ir a um bairro que não conhece, poderá identificar a direção geral em que está caminhando a partir de um ponto de referência (o ponto do ônibus, um edifício que se destaca, etc.); assim, quando quiser voltar, será mais fácil encontrar o caminho: por exemplo, se você andou de Leste para Oeste, é só volta novamente para Leste; se foi para Oeste e depois dobrou para o Sul, é só voltar para Norte e Leste. Para identificar o Leste em qualquer lugar, aprenda a conhecer a posição do Sol em relação ao alto do céu pela manhã e à tarde: pela manhã ele está do lado Leste e à tarde, do lado Oeste. Para se orientar à noite, é um pouco mais difícil, mas você pode aprender perfeitamente. Escolha uma constelação do meio do céu (as que ficam perto do horizonte podem ser escondidas por edifícios); é bom identificar uma para o período outono-inverno e outra para a primavera-verão, pois as constelações não são visíveis no mesmo lugar durante o ano todo.

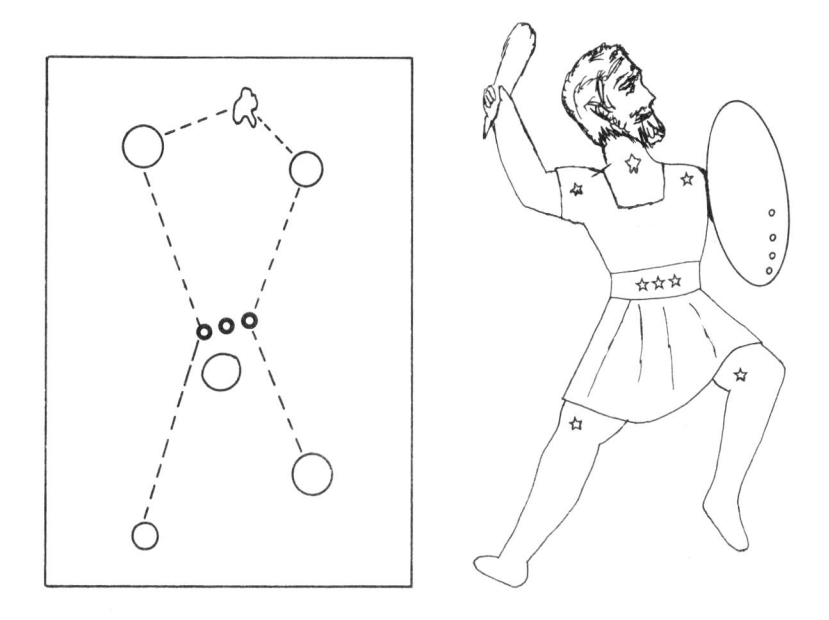

Figura 12: A Constelação de Órion aponta para o Norte (a cabeça de Órion está voltada para o Norte).

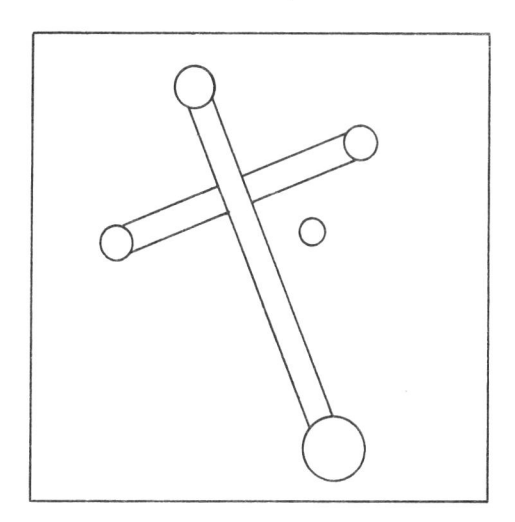

Figura 13: A Constalação do Cruzeiro do Sul aponta para o Sul (Obs.: veja a figura da pág.111)

Eu costumo usar a constelação de Órion por causa das Três Marias, muito fáceis de identificar, que formam seu cinturão. O corpo de Órion está grosseiramente orientado no sentido Norte-Sul, com a cabeça para o Norte. Uma carta celeste (facilmente encontrada em livrarias) vai ajudá-lo a saber em que ponto do céu essa constelação está a cada hora da noite e a cada dia do período em que ela é visível. O Cruzeiro do Sul, apontando sempre para o Pólo Sul, também é um ótimo ponto de referência. Com um pouco de atenção, você saberá o lado do céu (Leste ou Oeste) em que a constelação deve aparecer logo após o pôr-do-sol, e localizará o Norte e o Sul de acordo com a posição das estrelas (do desenho que elas formam).

SENTINDO ENERGIAS: Esfregue as mãos uma na outra até senti-las bem quentes. Afaste-as um pouquinho e deixe-as assim por algum tempo; você sentirá formigamento, pressão, ou outra sensação diferente: é a energia produzida pelo atrito que flui entre suas mãos. Esse é o princípio básico do uso das mãos para sentir o campo de energia de outras pessoas, seres vivos ou objetos.

APERFEIÇOAMENTO

SENTINDO ENERGIAS: Para aprimorar sua percepção, você pode tentar visualizar a aura de seres vivos. Experimente começar num lugar escuro e olhe através de um material transparente, mas azul bem escuro (celofane dobrado, plástico ou vidro pintado). Experimente olhar para plantas, animais e pessoas; se ficar bem tranqüilo, você poderá ver uma luminosidade em volta do seu corpo, mais ou menos fraca, mais ou menos estreita, dependendo do caso.

SENTINDO LUGARES: Além de analisar objetivamente o lugar onde você vive, tente senti-lo intuitivamente. Passeie por ele, olhe-o como se quisesse ver a aura das coisas (não fixe muito o olhar), vá parando um pouquinho em vários pontos e percebendo como se sente. Faça isso com muita calma, procurando identificar todas as sensações que afloram: imagens visuais, sensações corporais, sentimentos agradáveis ou não, associações de idéias. Procure descobrir o que ocorre nos lugares em que você costuma ficar por mais tempo: eles são agradáveis ou desagradáveis? Experimente outros lugares: há algum que decididamente lhe faz mal? Há algum em que você se sente particularmente bem? Você pode usar esse tipo de percepção para escolher a melhor localização para sua cama, sua bancada de trabalho, seu local especial de repouso e meditação e para descobrir pontos que deve evitar.

FLUXOS DE ENERGIA: Da mesma forma como você sentiu a energia fluindo entre suas mãos, procure senti-la em outros seres vivos, objetos e lugares. Coloque a palma das mãos a poucos centímetros do que quer sentir e deixe por algum tepo; perceba se ocorre um fluxo de energia muito forte (que você pode identificar como calor, formigamento intenso ou sensação de choque elétrico), muito fraca (quase imperceptível), agradável ou desagradável. Lembre-se de que, quando você fica assim por algum tempo, ocorre troca de energia entre você e o outro corpo. Existem pessoas que absorvem energia com facilidade; se você é uma delas, provavelmente será fácil para você ficar com muita energia, mas poderá às vezes se sentir sobrecarregado e até mesmo correrá o risco de absorver coisas indesejáveis (como estados emocionais desagradáveis ou estados corporais doentios). Se você, pelo contrário, tem facilidade para doar energia, deve tomar cuidado ao fazer qualquer tipo de experiência energética. Se você perder muita energia de repente, poderá ficar fraco e incomodado; aprenda a bloquear seu fluxo de energia e a se recarregar.

CONHECENDO SEU LUGAR: Para se sentir mais enraizado e centrado, faça sempre esse exercício. Escolha um momento em que possa ficar por alguns minutos sossegado.

Fique de pé, de preferência descalço, e de olhos fechados. Dobre um pouquinho os joelhos. Sinta sua respiração; vá percebendo seu movimento como uma onda pelo interior do corpo. Sinta os pés apoiados no chão, sinta as pernas. Não pense a respeito, apenas repare nas sensações corporais. Vá percebendo aos poucos todas as partes do corpo: as sensações da frente, das costas, da esquerda, da direita; perceba sons em intensidades diferentes de acordo com o lado de onde venham, temperaturas, o vento passando, etc. Quando estiver satisfeito, abra os olhos e se espreguice para "acordar" o corpo. É comum que esse exercício seja feito sempre de frente para a mesma direção: por exemplo, se você o faz pela manhã, pode ser interessante ficar de frente para o Leste e sentir no rosto a luz e o calor do sol nascente; mas você pode escolher a direção em que se sentir melhor: essa pode se tornar a "sua direção".

SEU CENTRO: Na mesma posição do exercício anterior, ou sentado com as costas eretas, feche os olhos e sinta a respiração. Perceba o movimento respiratório se originando de um ponto bem no centro do seu corpo; em geral, o ponto usado se localiza um pouco abaixo do umbigo: é o Hara da medicina chinesa, o Chakra Sacro dos hindus e a Esfera Yesod da Cabala. Sinta esse ponto. Imagine que, quando você inspira, ele se enche de energia e se transforma num ponto luminoso que vai além dos limites de seu corpo; ao expirar, a energia se dispersa e seu centro volta a ser um pequeno ponto de luz.

VOCÊ COMO UM CENTRO: Na mesma posição do anterior, feche os olhos e faça contato com seu centro. Amplie sua percepção para sentir o mundo em volta; procure expandir progressivamente a percepção até abranger o Universo inteiro. Sinta que o Universo é uma esfera infinita que gira em torno de você, que é seu centro. Não se preocupe com um pretenso egoísmo que esse exercício poderia despertar, pois ao se sentir como o centro do "seu" universo, você não está negando a todos os outros seres o direito de serem os centros de seus próprios universos. A verdadeira finalidade desse exercício é fazer com que você sinta a ordem do mundo ao seu redor.

VIAGEM ÀS DIREÇÕES DO MUNDO: Para fazer esse exercício, você precisa imaginar um espaço que represente o centro de seu mundo interior, o ponto do qual você parte para suas viagens imaginárias. A magia chama esse espaço de Templo Interior e usa realmente a imagem de um templo, mas você pode adotar a imagem que preferir: uma sala de visitas, um laboratório, uma nave espacial, uma floresta, uma caverna, uma sala de computadores, etc. Se, ao fazer a primeira fantasia para encontrar esse lugar, surgir algo inesperado, não tente forçar outra imagem: aceite o que seu inconsciente enviou. Imagine que esse espaço tem quatro portas (que você pode criar do jeito que quiser), cada uma voltada para um dos pontos cardeais. Você também pode imaginar passagens para o porão e para o telhado (ou estruturas equivalentes). Quando quiser fazer uma viagem, escolha um momento em que possa ficar por algum tempo sem ser interrompido; sente-se, feche os olhos e relaxe. Imagine-se dentro do espaço central e escolha por onde quer viajar. Vá até a porta correspondente, abra-a e entre no caminho. A partir daí, sua imaginação é livre para criar a aventura que quiser. Você pode voltar a cada região quantas vezes quiser, para continuar uma aventura já começada ou para iniciar uma nova viagem. Use as correspondências simbólicas apresentadas adiante para ter uma idéia do que poderá encontrar em cada caminho, mas não se prenda demais a isso: aceite as criações de sua imaginação.

APERFEIÇOANDO O AMBIENTE: Procure resolver os problemas físicos do seu ambiente. Além disso, você pode transferir as características de suas viagens mágicas para sua casa ou local de trabalho. Atualmente, está na moda o uso dos cristais e gnomos; mas as pessoas muitas vezes não sabem que esses elementos são símbolos da terra e das questões materiais. Penso inclusive que a supervalorização dos gnomos e cristais, com exclusão dos símbolos de ou-

CORRESPONDÊNCIA DOS PONTOS CARDEAIS

Direção	Norte	Sul	Leste	Oeste	Alto	Fundo	Centro
COR	amarelo	vermelho	azul	verde	branco	negro	âmbar
ELEMENTOS	terra	fogo	ar	água	infinito	abismo	energia
DEUSES	agrários	guerra	juízes	maternais	viajante	inferno	salvador
NAIPE	ouros	paus	espadas	copas	—	—	—
SIGNIFICADO	riqueza	trabalho	guerra	amor	espírito	morte	sacrifício
PLANTAS	troncos	frutos	flores	folhas	copa	raiz	semente
ANIMAIS	ruminante	carnívoro	pássaros	peixes	rapinantes	serpente	aranha
OBJETOS	medalha moeda	tocha bastão	faca espada	concha taça	lâmpada	pedra	cruz
ALIMENTO	cereal	fruta	folhas	bebidas	água	raízes	pão
ESTAÇÃO	inverno	verão	primavera	outono	—	—	—
HORA	meia-noite	meio-dia	aurora	ocaso	—	—	—
AMBIENTE	seara	fogueiras	campina	praia	alturas	caverna	templo
ATIVIDADE	lavoura	técnica	ciência	lar	êxtase	faxina	caridade
SÍMBOLO	sal	vela	incenso	água	lâmpada	tapete	altar
PLANETA	Júpiter	Mercúrio	Vênus	Marte	Saturno	Lua	Sol
ESFERA	Chesed	Hod	Hetzach	Geburah	Binah	Yesod	Tipheret

tros elementos, está relacionada ao padrão inconsciente que domina nossa sociedade e que se caracteriza pela voracidade, pela ânsia por bens materiais. Se você quiser desenvolver todos os aspectos do seu ambiente, coloque representantes de todos os elementos: além dos gnomos, que protegerão seus bens e sua legítima ambição, lembre-se das salamandras, do fogo, que estimularão sua impulsividade, coragem e intuição; das ondinas, da água, que cuidarão da sua vida emocional; e dos silfos, do ar, que zelarão pela sua vida intelectual. Uma forma de concretizar esses símbolos no seu cotidiano é fazer algum tipo de arranjo, com representações de cada um dos elementais e/ou objetos que os simbolizem mais ou menos na direção dos pontos cardeais correspondentes ou nos ambientes da casa em que são realizadas as atividades ligadas a cada elemento. Por exemplo, a água domina onde se toma banho e se lavam roupas, etc.; o fogo mora no fogão; o reino do ar é onde as pessoas estudam; o da terra é o quintal ou o lugar onde ficam guardados os alimentos. Você pode usar representações tradicionais dos elementos ou fazer arranjos criativos: um aquário, uma jardineira, etc. Use esses locais para "sintonizar" com os princípios dos elementos.

CAPÍTULO VII
O CICLO DA VIDA

Até agora, falei dos ritmos da Terra, do Sistema Solar e da galáxia em que estamos mergulhados; resta falar sobre o grande ciclo pessoal que é a marca registrada e propriedade intransferível de cada um de nós: a vida pessoal. Os povos antigos, em todas as partes do mundo, perceberam a existência de um ciclo semelhante para todas as pessoas e a importância de marcar formalmente sua passagem para que os indivíduos percebessem com clareza sua posição na sociedade. Os chamados "ritos de passagem" incluem a aprendizagem das habilidades e normas de conduta adequadas à nova fase em que a pessoa entra e o teste de sua capacidade de agüentar os problemas dessa fase. Além disso, há sempre uma comemoração em que a sociedade inteira celebra a integração do indivíduo na coletividade. É claro que o conteúdo específico dos ritos vai variar de povo para povo; entre os antigos chineses, por exemplo, com sua sociedade altamente hierarquizada e autoritária, o tom dominante era a aprendizagem das normas sociais rígidas, da disciplina, do respeito às autoridades, dos direitos e, principalmente, dos deveres da posição social de cada um. Já entre os povos indígenas brasileiros, é dada maior ênfase à aprendizagem de habilidades que permitam ao indivíduo colaborar de modo eficiente com a sobrevivência do grupo.

Existe uma dupla sabedoria implícita nos ritos de passagem. Por um lado, eles testam a pessoa até os limites máximos de sua capacidade física e mental; dessa forma, é como se servissem como uma válvula de escape para a ansiedade gerada pela aproximação da crise biológica e psíquica. Por outro lado, ao estabelecer com clareza a função social de cada faixa de idade, pressupõe a valorização da contribuição que todas elas têm a dar à coletividade; apesar de, entre alguns povos, encontrarmos práticas que consideramos cruéis, na verdade elas estão baseadas numa visão ampla do destino pessoal, sem o sentimentalismo hipócrita que predomina atualmente. Mesmo quando esses povos apressam a morte dos velhos e inválidos, essa prática está muito distante do desprezo que nossa sociedade demonstra pelos idosos. Geralmente, essas práticas são adotadas por comunidades que enfrentam graves problemas de escassez de alimentos; sua cultura então inclui uma definição do limite da vida individual e, ao atingir esse limite, as pessoas passam por todo o ritual funerário que nada mais é que o último rito de iniciação, que a faz ingressar no mundo dos mortos. Ainda aí, seu papel é bem definido.

Em relação à primeira função dos ritos de passagem, a sociedade moderna criou uma distorção que a cada dia se torna mais assustadora. Entre os povos antigos, ao primeiro sinal da adolescência, meninos e meninas eram confinados num local especial, onde aprendiam os segredos da vida adulta e passavam por uma série de provas de resistência ao sofrimento. Para os rapazes, era o tempo da caça e da guerra; para as garotas, da gravidez e do parto. Para todos, um tempo de sangue e violência. Os meninos arriscavam a vida em lutas e eram submetidos a flagelações; as meninas também passavam por práticas ascéticas. Recentemente, psicólogos e antropólogos estão percebendo que esses rituais não são apenas uma "brutalidade típica de povos primitivos", mas uma necessidade orgânica e psicológica dessa fase de desenvolvimento. O mal da sociedade moderna, nesse campo, foi diluir os limites entre as fases da vida e bloquear os canais de descarga da tensão. A meta da educação moderna se tornou reduzir ou eliminar as crises, suavizar o caminho, tornar imperceptíveis as arestas e os degraus. Os pais e professores tomam a si a tarefa de se adaptar à inconstância de humor e conduta do jovem, de modo que a vida para ele se torne a mais uniforme possível. A angústia produzida pela crise de identidade da adolescência é prolongada por uma exigência dupla, de que o adolescente seja em alguns momentos criança e, em outros, adulto. Faz-se tudo ao contrário do que deveria ser feito para dar um pouco de segurança e percepção de um caminho a seguir. É como se "crise" tivesse se tornado sinônimo de "doença"; esses momentos são considerados "sintomas" que devem ser eliminados, e não etapas do destino que devem ser vividas e resolvidas.

Entretanto, a crise existe; essa fase não é nem pode ser uniforme; existem energias em choque, buscando caminhos de descarga, sem saber como se expressar. É a fase em que os filhotes de todos os animais começam a "brincar de caçar" para aprender a suprir a própria subsistência. É a fase do sangue e da violência, que os povos antigos tão bem souberam canalizar para as práticas de sacrifício. Nos tempos atuais, sem ter como descarregar, de modo socialmente aceito, a agressividade que aflora, os adolescentes tendem a cair na violência gratuita e destrutiva, voltada contra a própria sociedade que aparece como seu antagonista, uma vez que não lhe mostra nenhuma perspectiva para o futuro.

Da mesma forma o adulto, cuja existência é valorizada em função do que pode produzir para a sociedade, percebe a própria existência através da sua situação como trabalhador. Trabalhar, não para sentir prazer com o que faz, mas para ganhar o dinheiro necessário para atingir um determinado status (quando não é apenas para sobreviver), é o sentido da sua vida. Passado o momento da aposentadoria, a vida perde o significado, pois a sociedade não tem uma função prevista para o velho; a velhice é a marginalidade, a exclusão da sociedade. Esse é o motivo da degeneração física e mental acelerada que acompanha a saída do mercado de trabalho na nossa sociedade. É uma situação ainda mais dramática do que a da criança, pois esta ainda é vista como a futura mão-de-obra e, portanto, dentro dos limites do interesse que a sociedade sente por ela, pode tornar-se um "grupo prioritário" e receber cuidados mínimos. O idoso, entretanto, não serve para mais nada; não é mais o sábio e conselheiro das sociedades tradicionais; ao contrário, é uma pessoa desatualizada, inútil e que atrapalha. A sociedade espera com impaciência que ele morra, e a única coisa que o idoso consegue fazer, na maioria das vezes, é se deixar morrer.

A situação é inversa entre os grupos mais ricos da sociedade, que sempre tiveram o desejo de prolongar a vida e o gozo dos seus prazeres. Tanto a medicina como a ficção científica já falaram muito sobre a conservação da vida de pessoas idosas e doentes; atualmente já vemos os maus resultados de uma política de saúde que ignora as fases precoces de produção das doenças e produz caras e agressivas técnicas destinadas a aumentar a sobrevida (e o sofrimento em condições indignas de vida) de pessoas já irremediavelmente destruídas. Nos últimos anos, entretanto, os estudos sobre a longevidade indicam que muitas pessoas começam a descobrir a necessidade de prolongar, não o tempo de vida em si, mas o tempo em que o indivíduo pode manter uma boa qualidade de vida. Está implícita nessa questão a avaliação da qualidade de todas as etapas da vida pessoal. Pesquisas começam a mostrar a importância da prevenção dos riscos típicos de cada fase da vida, pois a existência é um todo interligado e problemas ocorridos num momento poderão ter repercussões sérias muito depois.

Penso que, no final do século XX, por diversos motivos, estamos tendo uma visão totalmente nova da vida humana. Isso ocorre, em primeiro lugar, porque atualmente a espécie está vivendo fases de sua evolução natural que não atingia anteriormente; em segundo lugar, porque os pesquisadores estão começando a descobrir a diferença entre o que é "normal" (o que é comum ocorrer) e o que é "saudável" (qual é o padrão ideal da espécie). O ponto crucial para essa nova perspectiva é o aumento da expectativa de vida da espécie. Apesar de toda a nostalgia romântica que muitas pessoas demonstram sentir com relação à vida simples, primitiva e natural, esse tipo de vida é árduo, perigoso e desgastante. Quando esse era o modo de vida dominante em todas as regiões da Terra, a expectativa de vida da espécie humana não ultrapassava de muito os 20 anos. Apenas minorias das classes dominantes podiam alcançar mais idade. Essa situação perdurou até meados do século XVIII, em que as meninas ainda casavam no início da adolescência e raramente sobreviviam aos vários partos seguidos que realizavam; em que o trabalho era incrivelmente (para nós, hoje) duro e desgastante; em que a higiene e a alimentação eram precárias.

A partir do século XIX, a revolução sanitária e a criação de tecnologia que facilitaram a produção e distribuição de alimentos desencadearam um processo de aumento progressivo da expectativa da vida humana, que logo atingiu os 50 anos e hoje está em torno dos 70 anos. No século XX, a humanidade conheceu, como um todo, fenômenos biológicos que antes eram observados apenas raramente, como a menopausa e as doenças degenerativas. Conheceu também o peso social da senilidade e da invalidez causada pelas doenças. A velhice tornou-se o grande fantasma a ser exorcizado pela humanidade: criou-se a ideologia de "ser jovem e bonito" e, com isso, uma importante indústria de bens e serviços destinados a tentar rejuvenescer as pessoas ou fazê-las parecerem mais jovens floresceu. Pesquisadores, uns sérios, outros nem tanto, ficaram ricos e famosos descobrindo e vendendo medicamentos mágicos que incluem doses maciças de hormônios, vitaminas, minerais e proteínas, além de ervas e até tecidos embrionários.

No plano psicológico se repete o mesmo fenômeno. As roupas jovens, o penteado jovem, as atividades jovens, os gostos jovens, a máscara jovem são vendidos como substitutos da verdadeira juventude. Pessoas maduras caricaturam os jovens como as crianças caricaturam os adultos. Assim como perdemos o contato com os ciclos exteriores da natureza, também nos desligamos dos ciclos que ocorrem em nosso interior e formam nossa vida. Para recuperar a saúde física e psíquica, a humanidade precisa reaprender esse ritmo. Com nossa visão focal, preocupamo-nos apenas com o momento presente, sem pensar em suas conseqüências: na gravidez, as mulheres fumam; na infância, as crianças se alimentam de massas com refrigerantes e balas; o jovem se intoxica de todas as formas - alimentar, auditiva, emocional; o adulto corre, come mal, se intoxica; o velho adoece e sofre. A doença é tratada pelos efeitos, não pelas causas; tem-se até a impressão de que nada é feito para prevenir as doenças porque a escolha da sociedade é manter o nível de consumo de produtos prejudiciais, não importa o que vá acontecer depois. Mais uma vez aparece aquela imagem do mundo - agora nosso próprio organismo - que podemos manipular de qualquer forma porque, se for vontade de Deus, nada nos acontecerá, ou então Ele consertará os estragos que causarmos.

Creio que a atitude mais saudável é a preventiva, mas ela exige um esforço às vezes muito grande para superar as deficiências pessoais e um esforço ainda maior para fazer as mudanças necessárias na educação de um filho, enfrentando, muitas vezes, a pressão dos padrões de consumo em moda. Na minha opinião, a gravidez e o início da vida são essenciais para a saúde sob todos os aspectos. Tanto o estado físico, nutricional da gestante como seu estado emocional afetam diretamente o feto, tanto através da redução do oxigênio (quando a mãe fica tensa) como pelas percepções do próprio feto. Infecções, exposição a radiações, absorção de produtos tóxicos podem provocar desde a futura predisposição para determinados comportamentos (como a necessidade de ingerir certas substâncias, que pode assumir a forma dramática de bebês que precisam receber o tratamento dado a toxicômanos) até graves doenças e deformações.

O parto é a primeira grande crise da nossa vida, a porta pela qual entramos no mundo dos vivos. Para todos os povos antigos, foi sempre um momento especial, um dos ritos de passagem mais importantes e mais universais. Freqüentemente, esses ritos abrangem um grande período de cuidados especiais aos recém-nascidos; parece que os antigos haviam intuído algo que a biologia só recentemente descobriu. Enquanto, entre as outras espécies animais, os filhotes, ao terminar a gestação, rapidamente se encontram em condições de sobreviver livremente, os filhotes humanos nascem imaturos e totalmente dependentes dos adultos. Essa situação se deve à imaturidade do sistema nervoso, que só terminará de se desenvolver dentro dos dois anos seguintes; durante esse período, o bebê humano exige um nível de cuidados que caracteriza uma verdadeira gestação extra-uterina (como acontece com os canguruzinhos, que ficam na bolsa da mãe). As exigências e os padrões de conduta da sociedade moderna, porém, vêm retirando cada vez mais das crianças esse tipo de cuidado, o que é nocivo para seu desenvolvimento e para sua vida adulta. O contato estreito com a mãe (ou uma figura substituta) é indispensável para que se organizem o sistema nervoso e todas as funções corporais, inclusive as defesas imunitárias. Daí a importância, para o bebê, de ser amamentado e acariciado: além de o leite materno ser o único alimento a que seu organismo está adaptado, o conteúdo emocional do contato é essencial para seu desenvolvimento geral.

Você deve estar pensando: mas qual é a importância de uma coisa tão remota quanto a gravidez, o parto, o bebê para os ritmos da nossa vida? É simples: se pensarmos na vida como uma cadeira de elos interligados, perceberemos que o que ocorrer nessa fase irá se refletir na vida adulta. Por exemplo, a qualidade do funcionamento do sistema imunológico, que definirá a resistência a infecções e possíveis doenças alérgicas e de auto-agressão, é estabelecida nessa época; a quantidade de tecido adiposo, que definirá a tendência a ser mais gordo ou mais magro, também se determina aí: um estudo apresentado pela Organização Mundial da Saúde na década de 70 mostrou que esse padrão, apesar de ter um componente genético, é em grande parte determinado pelo padrão de alimentação imposto pelos adultos ao bebê. E atualmente poucas pessoas ainda não ouviram falar das teorias psicológicas sobre os efeitos das primeiras experiências emocionais da criança sobre sua vida posterior. A Bioenergética busca nessas experiências a origem, não só de problemas emocionais, mas também de doenças orgânicas e padrões de funcionamento corporal. Os padrões criados nos dois primeiros anos de vida determinam o comportamento e a suscetibilidade a doenças durante a infância e a adolescência, quando a conduta dos pais e a orientação dos profissionais de saúde será fundamental: "corrigir" deficiências visuais produzidas pela imaturidade dos músculos oculares de crianças pequenas pode criar problemas verdadeiros para o futuro, pois os músculos se acomodarão aos óculos; pés chatos e outros problemas que deveriam ser corrigidos por exercícios adequados são agravados por aparelhos que provocam a acomodação do corpo; a alimentação errada pode criar absurdos como crianças com taxas sangüíneas de colesterol que até há pouco tempo só eram encontradas em adultos já desenvolvendo doenças coronarianas.

Sabe-se hoje que os problemas considerados "normais" na velhice - a senilidade, a perda de memória, a apatia, a fraqueza física e a degeneração orgânica - são os resultados de um padrão de vida escolhido desde a juventude. Mais do que envelhecer (ou seja, seguir o ciclo biológico natural) as pessoas se desgastam por causa das atividades esgotantes a que são submetidas, da posição em que seu corpo é obrigado a ficar por muito tempo, da alimentação deficiente em quantidade e qualidade, das sobrecargas emocionais. Apesar da tendência crescente na medicina oficial de reduzir todas as doenças à ação de um gen defeituoso ou a uma bactéria, o acompanhamento a longo prazo de grandes grupos de pacientes provou a falha dessa teoria. Hoje está bem estabelecido o perfil psicológico de pessoas com alto e baixo risco de desenvolver diversas doenças, antes relacionadas apenas a fatores externos. É bem conhecida, por exemplo, a classificação dos tipos A e B (alto e baixo risco) para a doença coronariana e o infarto: o tipo A, de alto risco, é a pessoa competitiva, agressiva, estressada; o tipo B é o contrário disso e tem baixo risco de desenvolver essas doenças. O mesmo ocorre para a úlcera e gastrite, para o câncer e outras várias enfermidades.

Esses padrões emocionais e orgânicos se formam durante a infância e se manifestam a partir da adolescência, determinando o padrão de saúde da vida adulta. Nessa fase, então, entram em cena outros fatores: o ritmo de trabalho pode não se ajustar aos ritmos orgânicos; operadores de máquinas freqüentemente precisam realizar, durante muitas horas, movimentos rápidos e manter a atenção fixa muito além da capacidade orgânica natural; atividades monótonas realizadas por períodos longos também podem provocar distúrbios e até acidentes por esgotamento e incapacidade de manter o nível de atenção. Certas atividades podem provocar lesões orgânicas mesmo que estas não sejam percebidas de imediato: é o caso das lesões pulmonares causadas por poeira e gases, da surdez por excesso de ruído, de intoxicações crônicas características de diversas atividades, das lesões ósseas decorrentes da vibração de instrumentos (como britadeiras), das deficiências respiratórias e do reumatismo resultantes de posturas corporais defeituosas, do cansaço visual por maus hábitos de leitura. A alimentação deficiente em vitaminas e minerais impede o funcionamento de diversas enzimas necessárias para o correto uso e excreção de várias substâncias, o que provoca o acúmulo, em lugares indesejáveis, de produtos intermediários como o colesterol, a uréia e sais de cálcio, além de impedir a produção de substâncias como os hormônios, enzimas e ossos sadios. O alcatrão (do cigarro) e os aditivos artificiais dos alimentos se acumulam nos tecidos, que vão ficando mais e mais intoxicados até não conseguirem mais funcionar. Anos de atividade sedentária reduzem a capacidade de funcionamento dos pulmões, do coração e do aparelho digestivo, além de enfraquecer os músculos. Esses são, em conjunto, os fatores identificados como característicos do processo de envelhecimento. Suas conseqüências são as doenças degenerativas, como o câncer, a degeneração do sistema nervoso e de várias estruturas orgânicas.

O fato que chamou a atenção dos cientistas para a possibilidade de a espécie humana ter uma longevidade potencial muito maior que a expectativa de vida corrente foi a descoberta de povos em que é regra as pessoas sobreviverem, em boas condições físicas e mentais e em plena atividade, até os 120 anos ou mais. São dignas de nota as populações da Geórgia (no sul da Rússia), de certas regiões do Tibete e dos Andes. Ao estudar o modo de vida desses três povos, na esperança de encontrar o segredo da vida longa, os pesquisadores derrubaram mitos e comprovaram hipóteses. Um mito derrubado foi o do vegetarianismo: dessas populações, nenhuma segue uma dieta de restrição intencional de alimentos, sendo limitadas apenas pelas possibilidades dos locais em que vivem. Na verdade, suas dietas são diferentes entre si, ora baseadas na carne, ora no leite, mas nunca exclusivamente vegetais. Outro mito derrubado foi o da necessidade de seguir uma vida regrada, puritana e ascética, para preservar o organismo do desgaste: dentro de suas possibilidades, os velhinhos desses povos fazem uso de bebidas fermentadas, participam das festas locais e mantêm uma vida sexual ativa até idade avançada.

As hipóteses comprovadas se referem à alimentação e aos hábitos de vida também. Fosse qual fosse a dieta típica local, a alimentação dessas populações se caracterizou pela moderação e pelo uso de produtos naturais (hortaliças frescas, produtos animais frescos, massas, bebidas e conservas caseiras, sem aditivos químicos); os hábitos cotidianos são marcados pela atividade física produtiva, ligada à vida comunitária. Foram necessárias pesquisas longas e sofisticadas para que a medicina moderna descobrisse esses segredos. Se até há alguns anos os próprios médicos recomendavam a inatividade para os idosos, para "protegê-los de acidentes", hoje procuram convencê-los da importância de continuar trabalhando, caminhando e até fazendo ginástica: foi comprovado que a redução da musculatura e da circulação sangüínea dos idosos se deve basicamente à falta de uso, e não a fatores naturais da idade.

A senilidade, vulgarmente chamada de "arterioesclerose", se caracteriza pela perda progressiva da memória, do interesse pelos fatos cotidianos e do contato com o exterior; antigamente era atribuída a um processo degenerativo cerebral natural, mas hoje se sabe que tem duas causas: a falta de minerais e vitaminas indispensáveis ao bom funcionamento dos neurônios (o que é resultado da má alimentação) e o desinteresse pelas atividades comuns. Atualmente, a prevenção e o tratamento da senilidade se baseiam na correção da dieta e na psicoterapia associada a exercícios físicos (ginástica, dança, caminhadas, trabalho doméstico). Uma grande instituição americana especializada em geriatria baseia o tratamento da senilidade na retomada do hábito de usar a memória, além de estimular a pessoa a se interessar por atividades intelectuais. Ao que tudo indica, quanto mais a pessoa usa o cérebro durante a vida, mais ele se conservará ativo; a senilidade é basicamente a conduta que nossa sociedade espera do idoso, e a degeneração precoce é o modo como as pessoas respondem a essa expectativa. É mais um produto do isolamento, da solidão, da desesperança e do sentimento de inutilidade que de mudanças biológicas. A preservação de vínculos afetivos, por isso, é essencial para o envelhecimento saudável: o hábito moderno de jogar os idosos em "depósitos de doentes", desenraizando-os de seus locais familiares, de seus objetos e de seus afetos, a não ser nos raros casos em que a pessoa realmente necessita de cuidados hospitalares, é apenas uma forma de acelerar a degeneração e a morte dessas pessoas, apenas para que os mais jovens não precisem perder tempo e exercitar a paciência dando um pouco de atenção e carinho àquela pessoa.

Talvez o principal motivo para essa conduta da sociedade em relação ao idoso seja o medo de envelhecer, o desejo de evitar a ansiedade causada pelo confronto cotidiano com o futuro inevitável. Penso que nossa grande tarefa não é aprender a permanecer mais jovens, mas aprender a envelhecer. A juventude que devemos procurar é aquela que alcançaremos tratando de nosso corpo e nossa mente para que sejam saudáveis por mais tempo. As marcas do tempo não são uma vergonha; só pode pensar assim uma sociedade que despreza a sabedoria e a experiência. É triste ver pessoas que não apresentam, em seus rostos, marcas do tempo que viveram: é como se essas pessoas houvessem hibernado, sem aprender nem aproveitar nada da vida. Seu rosto não mostra a juventude, mas a imaturidade. É como se tivessem parado lá atrás, num ponto distante da estrada da vida. No outro extremo existem os velhos precoces, que nunca conseguem sintonizar com a descontração da juventude; essas pessoas são candidatas a sérias doenças, pois é como se seu organismo tivesse corrido mais rapidamente pelo caminho que os outros levam muito tempo para percorrer.

Saber viver, envelhecer e morrer depende de perceber a cada momento o tempo que passa em nossas vidas, viver cada instante sem pressa nem apatia. Eça de Queirós disse uma vez que a velhice serena é como o anoitecer para o passarinho que teve um "bem cantado e bem voado dia". A percepção de que a cada momento estamos plenamente ligados ao nosso mundo, tomando decisões responsáveis, conscientes do que fazemos, compreendendo nossa ligação com o mundo inteiro me parece ser exatamente o que nos falta para viver melhor (não apenas sobreviver) e aproveitar todos os recursos que o mundo moderno oferece.

CURIOSIDADES

OS RADICAIS LIVRES: Radicais livres são moléculas resultantes da atividade metabólica normal do organismo. Geralmente eles são produzidos em pequena quantidade e neutralizados por vitaminas e minerais. Quando a pessoa está estressada, a quantidade de radicais livres aumenta a níveis que o organismo não consegue neutralizar; quando a alimentação é pobre em antioxidantes (vitaminas e minerais) ou rica em fontes de radicais livres (todas as bebidas produzidas a partir de plantas queimadas, como o chá, o mate, o café), também há acúmulo dessas substâncias, que oxidam as enximas do organismo e alteram as células. O resultado são os sinais de envelhecimento: degeneração da pele, maior suscetibilidade a doenças, etc. A Medicina Ortomolecular trata esse problema com o aumento da ingestão de vitaminas e minerais através de uma dieta rica em frutas e verduras frescas, grãos integrais, produtos de origem animal frescos e, se forem necessários, complementos dietéticos sob a forma de medicamentos.

A CIRCULAÇÃO CEREBRAL: Às vezes, o funcionamento cerebral deficiente do idoso pode ser parcialmente causado por problemas circulatórios. Como a circulação cerebral tem um sistema de controle muito rigoroso, é dificilmente afetada por medicamentos vasodilatadores. A única substância que sempre provoca vasodilatação no cérebro é o gás carbônico; isso ocorre porque, ao perceber que há muito desse gás no sangue, o cérebro envia ordens para o aparelho circulatório aumentar a vinda de oxigênio, que não lhe pode faltar nem por pequenos períodos. Exercícios respiratórios que aumentem o teor de gás carbônico no sangue, feitos com regularidade, podem ajudar a melhorar a circulação cerebral.

FASES DA VIDA: A psicologia moderna redescobriu as etapas de desenvolvimento e as crises descritas pelos antigos mitos. Durante os dois primeiros anos de vida, enquanto amadurece o sistema nervoso e as funções orgânicas, a criança descobre sua individualidade e aprende a lidar com o mundo através da evolução dos laços afetivos com os adultos. A seguir, passa por um período em que estabelece sua identidade sexual e começa a construir seu modo de viver em coletividade. A adolescência é uma grande crise, produzida por mudanças orgânicas e psíquicas, em que o jovem constrói sua identidade adulta independente e as bases de sua vida produtiva. Para a psicologia tradicional, esta era a última fase de mudança; a partir daí, até o fim da vida, acreditava-se que a pessoa apenas acumulava experiência. Foi Jung, o criador da psicologia analítica, quem chamou a atenção para a crise da meia-idade, que antes era considerada mais ou menos patológica ou anti-social. Observando o simbolismo da Astrologia, que dá particular importância à posição de Saturno aos 30 anos e dos planetas exteriores em torno dos 40, a psicologia junguiana percebeu que, após a fase da juventude em que o adulto está voltado para uma atividade exterior destinada a abrir caminho para a conquista de seu lugar na sociedade, chega um momento de questionamento, auto-avaliação e retomada da jornada interior. Fica claro, dessa forma, que enquanto a infância é o tempo da "absorção" e a juventude da realização material, a maturidade é o tempo da realização espiritual. Contra o que se pensava antigamente, hoje se sabe que, dependendo de seu modo de viver, a pessoa pode continuar crescendo intelectual e mentalmente até idade avançada.

RITOS DE PASSAGEM EM DIVERSAS CULTURAS:
Os índios brasileiros têm o rito do couvade, em que o pai do recém-nascido passa vários dias na rede como se estivesse morrendo; a origem disso está na crença de que existe uma ligação energética entre pai e filho e, se o pai se mantiver ativo, irá absorver a energia do bebê. As crianças pequenas são recebidas como membros da tribo quando recebem o nome e a tatuagem tribal. Existem ainda ritos de passagem para a adolescência (reclusão) e a vida adulta (ligação ao chefe e ao casamento), além dos ritos fúnebres que celebram a ida do morto para o mundo inferior. Entre os povos tribais da África e da Oceania, logo ao nascer a criança é identificada com o deus tutelar da tribo e com os ancestrais familiares. Na passagem para a vida adulta, em muitos desses povos, os jovens se ligam a sociedades secretas parecidas com corporações profissionais. No Japão, todas as festas de passagem (nascimento, 3, 5, 7, 20 anos, casamento, início de projetos) são celebradas por idas aos

templos Xintoístas; o funeral e o culto aos mortos segue o ritual budista. Para os povos do norte da Europa (eslavos, ugrofineses) o rito principal é o culto dos ancestrais, que se repete anualmente. Na China, todos os rituais (apresentação do bebê no templo, casamento, funeral) são planejados de acordo com horóscopos e oráculos. Devido à influência combinada do Budismo com o Confucionismo, o culto da morte é o traço mais importante da cultura chinesa tradicional. Os judeus têm ritos de passagem mais para os meninos (a circuncisão ao nascer e a integração na religião ao entrar na adolescência); o principal rito para a mulher é o casamento. O Cristianismo inclui uma série de ritos de passagem, como o batismo, a comunhão, o casamento e a extrema-unção.

PERCEPÇÃO

AVALIE SEU ESTRESSE: O estresse é uma reação normal do organismo a situações em que ele precisa realizar esforço físico ou emocional. É uma situação de emergência. Só quando a tensão é mantida por muito tempo, sem que o organismo consiga descansar, é que o estresse se torna prejudicial. Foi comprovado que o estresse intenso reduz a capacidade de defesa do organismo (o que favorece o desenvolvimento de infecções e câncer), alterações circulatórias (pressão alta, problemas de circulação), úlceras, dores, etc. Um grupo de médicos de uma universidade americana criou uma tabela que indica o grau de estresse causado por muitas situações. Algumas são boas, outras são más; o ponto comum entre elas é que exigem um esforço de acomodação a algum tipo de mudança. Essa tabela pode ser útil para avaliar o risco de desenvolver doenças quando você identifica a ocorrência simultânea de vários fatores estressantes em sua vida; para um fator isolado o poder de predição é menor, pois as pessoas podem reagir de modos diferentes a um mesmo acontecimento. Como a escala original é muito longa e detalhada, eu apenas me inspirei nos dados do estudo para criar uma tabela simplificada. Para usá-la, identifique quais os fatores de risco que ocorreram recentemente na sua vida. Some os pontos atribuídos a todos eles. Segundo o estudo, quem atinge mais de 300 pontos tem grande risco de adoecer por causa do estresse, enquanto esse risco é pequeno em quem fica abaixo dos 200 pontos.

AVALIAÇÃO DAS CONDIÇÕES ESTRESSANTES:

100 pontos – morte de companheiro de uma relação estável.

70 pontos – separação de companheiro de uma relação estável.

60 pontos – morte ou separação de parente muito próximo, acidente, doenças graves, problemas com a justiça.

50 pontos – início de união nova ou refeita, perda de emprego.

40 pontos – inclusão de pessoas novas na vida familiar (inclusive filhos), problemas de saúde de parentes próximos, problemas na vida sexual e afetiva, mudanças para melhor ou pior na situação econômica ou de trabalho (incluindo promoções, aposentadoria, novo local de trabalho).

30 pontos – atritos ou expectativa de problemas com parentes próximos próprios ou do cônjuge (incluindo a fase de liberação dos filhos), início ou fim de acontecimentos importantes (como uma hipoteca ou empréstimo para sua casa, um curso importante, bons resultados de um trabalho).

20 pontos – mudanças de residência, trabalho (tanto de local como de horário), escola, lazer, vida social, religião, hábitos pessoais; atritos com pessoas não muito próximas; expectativa de início ou fim de compromissos não muito importantes.

10 pontos – expectativa de festas, férias, mudança de hábitos (como iniciar uma dieta alimentar, alterar o horário

de sono, etc.), enfrentar a responsabilidade por ter infringido normas sociais em pequenas coisas.

LIDANDO COM O ESTRESSE: O estresse é um processo de ajuste do organismo às reações instintivas, comuns a todos os animais, de fugir ou lutar diante de uma agressão; mas habitualmente, na vida em sociedade, não podemos reagir de uma forma nem de outra, e então a tensão se acumula sem ser liberada. Esse acúmulo se dá sob a forma de contração dos músculos, para evitar os movimentos que sentimos impulso de realizar (dar um soco no chefe, sair correndo de um lugar barulhento, etc.). Ao que tudo indica, a questão principal não é a existência do estresse, mas o modo como a pessoa lida com ele. Procure avaliar seu modo típico e reagir às situações da vida.

Pessoas competitivas, que vivem sempre sob "pressão máxima", tendem a responder às situações estressantes com irritação e atitude de briga, de confronto; o mais importante para essas pessoas é vencer uma disputa, estar por cima dos outros. Geralmente são muito bem sucedidas, mesmo quando partem de uma situação desfavorável, se avaliarmos o sucesso em função do nível salarial, do preço dos objetos que compra, da posição de autoridade que atinge. Para esse tipo de pessoa, o importante é mostrar uma determinada imagem para os outros, e não se sentir bem com o que faz; sistematicamente "engole sapos", não dá espaço em sua vida para o prazer e o afeto, nega ao corpo o direito de querer ir mais devagar. É necessário distinguir que seu desejo de sucesso não é um desejo legítimo de realizar coisas e receber uma retribuição justa; é antes o desejo obsessivo de se colocar acima de todos. Esse tipo de pessoa, que está sempre calando o próprio coração, tende exatamente a ter doenças cardiovasculares: pressão alta, lesões das coronárias, infarto. Não é por acaso que, na nossa sociedade competitiva, em que o comportamento mais desejável e estimulado é exatamente este, as doenças coronarianas são campeãs de mortalidade em todo o mundo.

Existe um outro tipo de pessoa que não é "vencedora", mas que nunca consegue parar. Em geral, esse tipo de pessoa é extremamente sensível a pequenos problemas; fica muito irritada (mesmo que não demonstre, o que é freqüente) com detalhes que fogem de sua rotina e de seu controle, ou se preocupa intensamente com os problemas que os outros lhe trazem, ou sente necessidade de organizar minuciosamente cada pequena tarefa, ou trabalha muito mais do que o necessário porque não se sente seguro de sua capacidade de sobreviver se não estiver lutando até os últimos limites. É como se elas precisassem digerir muito mais coisas – informações, sentimentos, etc. – do que seu organismo consegue suportar. Engolem a irritação, o ressentimento, a ansiedade; o resultado é uma tensão constante no aparelho digestivo, cuja conseqüência mais comum é a úlcera. Episódios de azia e dificuldade digestiva podem ser sinais de micro-úlceras abertas no estômago; mas às vezes podem ocorrer grandes sangramentos.

A depressão (a apatia, a desesperança) pode ser um modo pessoal de reagir a qualquer problema ou o resultado de um grande choque emocional que envolva, por exemplo, uma perda irreversível. A depressão reduz a atividade do sistema imunológico, aumentando a suscetibilidade a infecções (inclusive as chamadas "doenças consuntivas", como a tuberculose) e o risco de desenvolver um câncer.

Embora seja um campo ainda pouco compreendido, existem indícios de que as doenças degenerativas de auto-agressão (como a esclerodermia, a artrite reumatóide, o lupus e outras) estão relacionadas com algum tipo de "crise de identidade", algum momento em que o modo como a pessoa se vê muda tanto, que ela se percebe como uma estranha.

As alergias, ao contrário, são reações excessivas a substâncias extremas; no plano psicológico, é como se essas pessoas sentissem sempre necessidade de se defender dos outros, como se elas se sentissem sempre muito ameaçadas, mesmo que os outros não tenham essa intenção. Às vezes, o alérgico é uma pessoa que "pula" por qualquer coisa, tende a reagir agressivamente a qualquer coisa; outras vezes, é uma pessoa que se sente frágil e suscetível a qualquer agressão.

AVALIANDO SUA QUALIDADE DE VIDA: Pare por alguns momentos, em pé ou sentado, e perceba como é sua respiração. Não tente mudá-la; apenas preste atenção. Repare se você respira muito rápido ou devagar. Perceba também se você enche bem os pulmões ou se sua respiração é presa, fraca ou superficial. Repare principalmente se você esvazia bem os pulmões: freqüentemente, a pessoa não respira bem porque sempre sobra muito ar dentro dos pulmões e ela não consegue enchê-los com ar novo. Preste atenção à forma como você exercita seu corpo: se você fica muito tempo sentado ou se movimenta, se realiza tarefas que exigem esforço ou as transfere para outros, se faz algum esporte. Avalie também se você exagera em alguma dessas atividades, por obrigação ou não; às vezes, nosso trabalho exige, apenas por certo tempo ou permanente, um esforço acima do desejável; repare se suas atividades habituais o deixam sempre muito cansado e tente descobrir as causas disso. Por outro lado, muitas pessoas, especialmente nos últimos tempos, com a moda do culto do corpo, abusam de esportes e ginásticas. Se você tem esse tipo de hábito, reflita um pouco a respeito das verdadeiras razões que levam você a ter esse comportamento e das possíveis conseqüências que ele trará – se serão apenas boas ou se você pode ser surpreendido por efeitos ruins. Avalie também sua alimentação. Se você come apenas arroz, macarrão, farofa e batata com bife ou ovo frito, pão com manteiga e doces, sua alimentação é muito deficiente em vitaminas e minerais. Mas, a não ser que você (ou seu filho pequeno, por exemplo) esteja com desnutrição declarada, fraqueza, palidez, lesões na pele, boca e olhos, sangramentos, etc., não se preocupe em planejar rigorosamente uma dieta com quantidades exatas de cada nutriente. Procure comer, em cada refeição, uma boa porção de verduras e legumes variados, crus ou cozidos. No lanche e na sobremesa, faça uma salada de frutas, para que cada pessoa coma ou pouco de cada. Comer bem é mais barato que comer mal: o preço de um lanche gorduroso e incompleto dá para comprar uma boa porção de legumes e frutas da estação, com os quais você garante todos os nutrientes de que seu organismo precisa. Avalie como está o funcionamento de seus órgãos dos sentidos e de sua memória: observe como está sua vista, sua audição, seu olfato, seu paladar, seu tato; perceba se você está perdendo a capacidade de memorizar coisas.

APERFEIÇOAMENTO

EXERCÍCIOS FÍSICOS: Caminhe pelo menos uma hora por dia. Você não precisa tirar uma hora específica para isso nem usar roupas, calçados e equipamentos especiais (e caros), só necessários para atletas profissionais; aproveite a hora em que vai às compras ou ao banco para caminhar em vez de se sentar num veículo. Se você gosta de fazer ginástica, esportes, yoga, artes marciais, dança, etc., ótimo: procure fazer sempre seus exercícios, mas sem entrar em clima competitivo, que terá um efeito prejudicial. Se você não gosta ou não pode, por algum motivo (por falta de tempo ou dinheiro, por não haver nenhum lugar acessível onde você mora, etc.), faça exercícios em casa: algumas dessas técnicas podem ser aprendidas em sua formas mais simples e realizadas sem a necessidade da supervisão de um instrutor; mas você também pode aproveitar as tarefas domésticas: varrer a casa, espanar os móveis, lavar roupa, preparar alimentos, além de movimentarem todo o corpo, promovem uma queima de calorias equivalente a uma sessão de ginástica. O importante é que, ao realizar essas tarefas, você tome cuidado com a posição do corpo e com a respiração, além de prestar atenção para evitar tensões desnecessárias.

EXERCÍCIOS PARA OS OLHOS: Não mantenha por muito tempo seguido os olhos fixos olhando para perto ou para longe. De vez em quando, pare o que está fazendo e exercite os olhos: feche-os bem apertados (sem usar as mãos), e abra várias vezes; olhe bem para cima, para baixo, para um lado, para o outro (se doer, faça várias vezes que, conforme os músculos relaxarem, a dor passará); fixe alternadamente um ponto bem afastado e outro bem próximo.

EXERCÍCIOS PARA A AUDIÇÃO: Procure colocar os aparelhos de som no volume mais baixo possível. Se você trabalha em lugar barulhento, tente usar protetores de ouvido (que muitas vezes fazem parte do equipamento de proteção individual). Quando puder, fique algum tempo parado, de olhos fechados, e preste atenção aos sons que ocorrem na vizinhança. Escolha um tipo de música suave e executada exclusivamente por orquestra (sem vozes); escute-a bem baixinho, quase inaudível, e vá aos poucos tentando ouvir mais e mais detalhes.

EXERCÍCIOS PARA OLFATO E PALADAR: Quando puder parar um pouco, feche os olhos e tente identificar os odores do ambiente. Use pouco tempero nos alimentos e preste atenção a seu sabor.

EXERCÍCIOS PARA O TATO: Diariamente, na hora do banho ou antes de dormir, faça uma massagem suave em todo o corpo, começando pelo couro cabeludo, massageando a face, o tronco, os braços, as pernas e os pés. Não é preciso usar nenhum produto especial, a não ser que você queira; o objetivo é apenas ativar a sensibilidade da sua pele.

EXERCÍCIOS RESPIRATÓRIOS: Fique de pé, próximo a uma parede, e apóie as mãos nela (não fique com os braços muito esticados); encha os pulmões nessa posição, com calma e sem força; ao expirar (de preferência pela boca, soltando um AAAHH!) vá dobrando os braços e deixe o corpo cair para a frente até apoiar a testa na parede; relaxe um pouco nessa posição, inspire voltando a ficar de pé e repita o exercício. Para aumentar a quantidade de gás carbônico, sente-se com as costas eretas e inspire suavemente, sem forças, contando o tempo que leva para fazê-lo; prenda a respiração pelo dobro desse tempo; expire e depois prenda novamente a respiração, com dois pulmões vazios, pelo mesmo tempo em que reteve antes.

PROTEGENDO AS FUNÇÕES ORGÂNICAS: Não abuse de sal, gordura e açúcar na alimentaçao. Evite complementos alimentares que consistam em doses altas de proteína pura, que podem lesar os rins. Beba sempre bastante água, de preferência pura. Apanhe sol pela manhã e inclua alimentos ricos em cálcio (como os laticínios) na dieta, princiqlmente se você é mulher de meia-idade (grupo de maior risco para a osteoporose). Garanta sempre a presença na sua dieta de pequenas porções de gordura (no estado mais natural possível, de preferência crua) e proteína animal (carne, ovo, leite), que são fontes de algumas vitaminas não encontradas em outros alimentos. Embora o consumo excessivo de bebidas alcoólicas seja prejudicial para o organismo, uma pequena dose de cerveja ou vinho de boa qualidade (sem aditivos químicos) favorece a digestão e a circulação, além de conter (principalmente no caso do vinho tinto) substâncias antioxidantes que neutralizam os radicais livres. Seja moderado em sua alimentação: uma dieta com poucas calorias é capaz de prolongar em muitos anos a expectativa de vida e reduzir o risco de doenças degenerativas. Acima de tudo, por várias razões, *não fume:* o cigarro, pelas várias substâncias que injeta no organismo (pelos pulmões e pela pele envolvida na fumaça), provoca distúrbios funcionais e lesões irreversíveis em vários sistemas, desecandeando processos degenerativos diversos.

EXERCÍCIOS PARA A MENTE: Faça diariamente dois tipos de exercícios para manter e melhorar a atividade do seu cérebro. Para exercitar a memória, procure reduzir o uso da agenda escrita e guarde mentalmente suas tarefas, compromissos, endereços, telefones e datas de uso mais comum; procure decorar músicas, poesias e histórias; procure se lembrar de lugares e situações passadas reproduzindo-as mentalmente com a maior nitidez possível no que se refere a formas, cores, objetos, sons, cheiros, sensações na pele, etc. Para ativar o funcionamento mental no presente, diversifique seus interesses intelectuais. Você não precisa se tornar um erudito; apenas procure ler coisas que lhe agradem, ouvir música, ver filmes, exercitar-se em algum tipo de jogo, artesanato, desenho, etc.; os chineses têm um jogo em que uma pessoa recita o início de um poema famoso e o outro deve recitar o final. Faça esse jogo com parentes ou amigos; especialmente as crianças se beneficiarão dele. Além disso, procure estar sempre "ligado" nas coisas, pessoas e acontecimentos à sua volta.

VISUALIZANDO A SAÚDE: Quando fizer seu relaxamento diário, aproveite para fazer este exercício. Se quiser, você pode elaborar uma lista dos problemas que quer trabalhar; senão, trabalhe a cada dia o que surgir no momento. Para começar, imagine bem nitidamente a situação que deseja mudar; procure viver as sensações e sentimentos envolvidos. A seguir, imagine uma forma de mudar isso, da maneira que quiser: algumas pessoas imaginam as ações do cotidiano que devem ser realizadas; outras criam instrumentos e procedimentos simbólicos, mágicos e até engraçados. O importante é que o procedimento de mudança toque você profundamente. Imagine esse procedimento atuando e transformando a situação; finalmente, veja a nova situação criada, viva todas as sensações e sentimentos resultantes e fique por algum tempo vivendo bem nitidamente essa situação. Fique o tempo que quiser.

CONSIDERAÇÕES FINAIS

As técnicas descritas neste livro se destinam a melhorar sua percepção do próprio corpo e auxiliar qualquer tratamento específico que você precise fazer. Nunca substitua, por essas técnicas, tratamentos que você já esteja seguindo nem tente usá-las para resolver sozinho problemas sérios de saúde. Se você não tem formação específica, procure um profissional capacitado para auxiliá-lo e use as técnicas de auto-ajuda para complementar e facilitar o tratamento indicado por ele.

Se você gostar de rituais, orações e meditações, nada impede que crie os seus próprios de acordo com suas necessidades. Se fizer isso, anote-os para poder usar ou adaptar em outras ocasiões.

Use também essas orientações para ajudar pessoas da família e amigos: dê sua pequena contribuição para melhorar a vida da humanidade.

SUGESTÕES DE LEITURA

- AVENI, ANTHONY - Conversando com os Planetas: como a Ciência e o Mito inventaram o Cosmo. Tradução de Cecília Camargo Bartalotti. São Paulo - Mercuryo, 1993.

O autor, astrônomo e antropólogo, procura compreender os mitos ligados aos astros a partir do contexto geográfico e cultural dos povos que os criaram, em vez de interpretá-los a partir da visão européia habitual.

- BEISER, ARTHUR - A Terra. Biblioteca da Natureza Life. Tradução dos Redatores de Life. Rio de Janeiro, José Olympio, 1969.

Atualmente essa coleção é difícil de ser encontrada, mas é um material valioso, tanto pela qualidade do texto, como pelas ilustrações. Fala da formação da Terra, da atmosfera e da crosta terrestre, da origem da vida e das teorias sobre o futuro do planeta.

- BERGAMINI, DAVID - O Universo. Biblioteca da Natureza Life. Tradução dos Redatores de Life. Rio de Janeiro, José Olympio, 1962.

Esse livro começa nas antigas Astronomias do Oriente e do Ocidente e, depois de falar dos instrumentos e técnicas da Astronomia, descreve o Sistema Solar, a Via Láctea, a vida das estrelas e o Universo além da nossa Galáxia.

- GROUEFF, STÉPHANE - O Enigma da Terra. Tradução de Micécio Tati. Rio de Janeiro, Primor, 1976.

Esse livro apresenta, de forma muito agradável e belamente ilustrada, temas como a formação da crosta terrestre, o deslocamento das placas da superfície, os terremotos e vulcões, temperatura e magnetismo terrestres, montanhas e oceanos, riquezas minerais e a ação humana sobre a Terra.

— GRUPPO EDITORIALE FABRI – Astronomia (2 volumes). Tradução e organização de Pier Luigi Cabra e outros. Rio de Janeiro, Rio Gráfica, 1985.

Bonita de se ver e agradável de se ler, esta coleção consiste num verdadeiro curso básico de Astronomia para leigos. Dá informações sobre o Sistema Solar, a Via Láctea e outras galáxias, abordando conhecimentos recentes de Cosmologia e técnicas de pesquisa astronômica. No final há um resumo sobre a história da Astronomia no Brasil.

— HERMANN, JOACHIM — Astronomia. O que devemos saber das ciências hoje. Tradução de Rodolfo Kreston. São Paulo, Círculo do Livro, 19—.

Um bom livro que aborda questões como a origem da Astronomia, a exploração do espaço por satélites e naves de longo alcance, meteoritos e cometas, o Sistema Solar, efeitos das radiações solares na Terra, como podemos nos orientar pelo céu, métodos de estudo das estrelas distantes e estudos sobre a vida no Universo.

— MOURÃO, RONALDO ROGÉRIO DE FREITAS — Astronomia do Macunaíma. Rio de Janeiro, Francisco Alves, 1984.

Partindo dos mitos ameríndios utilizados por Mário de Andrade para elaborar as aventuras do seu herói, o professor Mourão apresenta de forma clara e sucinta um rápido panorama dos conhecimentos astronômicos dos índios brasileiros, num livro que, se não for o único, provavelmente terá sido o primeiro a revelar a riqueza da cultura pré-cabralina nesse campo de conhecimentos.

— MOURÃO, RONALDO ROGÉRIO DE FREITAS — Anuário de Astronomia. Rio de Janeiro: Cap. Editora (até 1982) e Francisco Alves (a partir de 1982).

A descrição comentada das efemérides, traçando um panorama detalhado do céu brasileiro ao longo do ano, permite ao interessado no assunto acompanhar os acontecimentos astronômicos como as posições dos planetas, eclipses, etc.

– MOURÃO, RONALDO ROGÉRIO DE FREITAS – Atlas Celeste – 6ª ed. – Petrópolis, Vozes, 1986.

O ponto central deste livro é um conjunto de mapas divivido em dois grupos. O primeiro mostra o aspecto com que se apresenta o céu a um observador situado no Hemisfério Sul, que contemple os horizontes norte e sul ao anoitecer, a cada mês do ano. O segundo grupo consiste nas cartas celestes que mostram o céu do Brasil mês a mês. Além das explicações necessárias e instruções para o uso dos mapas, o livro apresenta um ótimo conjunto de informações básicas sobre Astronomia teórica e prática (localização de planetas, cometas, meteoros, etc.).

– MOURÃO, RONALDO ROGÉRIO DE FREITAS – Carta Celeste do Brasil. Rio de Janeiro, Francisco Alves, 19 – .

Este é um material precioso para quem deseja aprender a ver as estrelas. Consiste numa carta celeste centrada no Pólo Sul, com um sistema de leitura que permite identificar o aspecto do céu a cada hora da noite, a cada dia do ano, em cada uma das 4 faixas de latitude em que o Brasil é dividido.

– WATSON, LYALL – Supernatureza; a história natural do sobrenatural. Tradução de Pinheiro de Lemos. São Paulo, Melhoramentos, 1976.

O autor apresenta um levantamento de pesquisas biológicas e psicológicas que comprovam os efeitos dos ciclos naturais e campos energéticos sobre os organismos vivos. Além de ter uma enorme quantidade de informações baseadas em vasta bibliografia científica, é uma leitura muito agradável.

OUTRAS PUBLICAÇÕES:

Enciclopédias para estudantes, como as coleções Trópico, Tecnirama e outras mais modernas, abordam vários temas de Geologia, Meteorologia e Astronomia, sem falar nas grandes enciclopédias como a Britannica e a Larousse, cujos verbetes podem apresentar os temas com razoável profundidade.

IMPRESSÃO E ACABAMENTO

COLLŌSSUS
EDITORA GRÁFICA LTDA.
Rua Sargento Silva Nunes, 154 -
Ramos   Tel.: 270-3946   RJ.